Xaver Rickenmann

Geschichte der Stadt Raperswil als Bestandteil des Kantons St. Gallen

Xaver Rickenmann

Geschichte der Stadt Raperswil als Bestandteil des Kantons St. Gallen

ISBN/EAN: 9783743664760

Hergestellt in Europa, USA, Kanada, Australien, Japan

Cover: Foto ©ninafisch / pixelio.de

Weitere Bücher finden Sie auf **www.hansebooks.com**

Geschichte

der

Stadt Raperswil

als Bestandtheil des Kantons St. Gallen

von 1803 bis jetzt

von

Xaver Rickenmann,

Mitglied der schweizerischen geschichtsforschenden Gesellschaft,
Ehrenmitglied des historischen Vereins des Kantons Glarus.

Rorschach.
Druck und Verlag von B. Wäbenschwiler.
1882.

III. Theil.

Geschichte der Stadt Raperswil

als Bestandtheil des Kantons St. Gallen

von 1803 bis jetzt.

Vorwort.

Die Geschichte Raperswil's, von ihrem Ursprung bis zur Gründung des Kantons St. Gallen, bis zur Einverleibung in denselben, ist reich an hehren Thaten seiner Einwohner, an schönen Errungenschaften für damalige Zeiten, an Beweisen unverwüstlichen Vaterlands- und Opfersinnes!

Mit dem Uebergang desselben, als Theil des neugebildeten Kantons St. Gallen, sind dessen Verhältnisse, da die abgelebten und mittelalterlichen Formen in die neue Zeit, im modernen Volksstaate, keinen Platz mehr beanspruchen konnten, ganz Andere geworden. Es wurde fortan geleitet von den Geschicken, welche diesen betroffen, und theilte sie. Eine Geschichte der Stadt Raperswil kann daher auch in dieser Periode nur im Hinblick auf die kantonale Entwickelung und Ereignisse ihre Erklärung finden, und es muß auf diese immerfort verwiesen werden.

Ehedem streng in sich abgeschlossen, nur darauf bedacht seine Grenzen abzusperren, gegen jeden äußern Feind immer gewaffnet zu sein, versäumte es keine Kosten für Erstellung und Aufbesserung von Festungswerken und Schutzbauten. Bei der neuen Zeitrichtung dagegen mußten Thore, Wälle und Fortifikationen fallen, die Stadt mußte sich erschließen, alle Verkehrswege öffnen und Fremde heranzuziehen bestrebt sein, wollte sie nicht verkümmernder Isolirung anheimfallen. Wurden ja allwärts versteifte, verknöcherte Gemeinwesen im Wettstreite mit dem entfesselten, modernen Staatsleben, als bedeutungslos, vollständig in die Ecke ge-

geschoben. In wie weit Rapersmil seine Aufgabe gelöst, lehren diese Blätter.

Es ist schwer, ohne jede Befangenheit, Begebenheiten, zum Theil selbsterlebter Zeiten, zu beschreiben. Eine spätere Zukunft an Hand der Erfolge urtheilt oft ganz anders, als die Gegenwart. Sollte die Aufgabe dem Herausgeber dieser Historie nicht gelungen sein, so bleibt diesen Aufschreibern doch das Eine, daß man darin all das verzeichnet findet, was Rapersmil seit 1803 gethan, was da geschehen.

Früher fanden sich immer Männer, welche sich die Mühe nicht reuen ließen, in Chroniken niederzulegen, was Nennenswerthes sich zuweilen zugetragen, was durch Tradition ihnen kund geworden, und daraus schöpften spätere Historiker die Grundzüge ihrer Geschichten. In unserer Zeit, wo Alles emsig und rastlos nach Erwerb strebt, wo die Zeit Geld geworden, mit der jeder geizt, um sich Schätze zu erringen und zu sammeln, oder auch um die nothwendigen, nun schwerer zu erringenden Lebensbedürfnisse zu befriedigen, sind sie verschwunden oder doch selten geworden. Wenn daher auch der Werth dieser Arbeit des Verfassers heute fraglich bleibt, werden angeführte Daten und Ereignisse einem künftigen Bearbeiter Rapersmilerischer Geschichte willkommen bleiben. Den jetztlebenden Einwohnern Rapersmils aber dürften die nachfolgenden Zusammenstellungen angenehm und lehrreich sein. Angenehm, weil sie hierin viel Selbsterlebtes und theilweise Vergessenes wiederfinden, und damit die vergangenen Tage und Zeiten nochmals an ihnen vorüberziehen sehen; lehrreich, weil jeder Einzelne Geschehenes in ruhiger Ueberlegung würdigen kann, was im Momente aufgeregten Gemüthes umsonst angestrebt wird; lehrreich, weil jeder darnach bemessen kann, wie im Sturme des Tages, in fieberhafter Aufregung das Gute selten oder nie gedeiht, und daß ein Gemeindewesen nur in Frieden und Eintracht sich befestigt; daß Unordnung und Privatinteressen, wo sie zur Geltung gelangen, die öffentlichen Fonds verzehren, das mühsam von der Vorzeit Gesammelte zerstören; daß Opfer, gebracht für gute Zwecke, nie unerschwinglich, Corporationsgüter vor Allem aber dazu berufen sind, öffentliche Zustände zum Besten zu gestalten, die Zweige der öffentlichen Administrationen möglichst gut auszusteuern, und bei großen Unternehmungen nicht ängstlich den eigenen, persönlichen Vortheil in die Wagschale zu legen.

Der Einzelne verschwindet, Geschlechter gehen unter — aber was an Werke gelegt ist, welche gemeines Wohl betreffen, das bleibt und trägt Zinse für Alle. Ein rauher Wind von außen oder innen — und wie Vieles weist nur das laufende Jahrhundert auf — kann alle Genossengüter über Nacht verwehen. Was aber daraus Großes geschaffen, was für gute nützliche Institutionen ausgegeben worden, das allein wird alle Stürme überleben!

Rapperswil, September 1882.

X. Rickenmann.

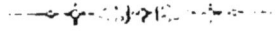

Geschichte der Stadt Raperswil
als Bestandtheil des Kantons St. Gallen
von 1803 bis jetzt.

Erster Abschnitt.
Von der Gründung des Kantons St. Gallen bis zum Sturze der Mediationsakte.

Durch die vom ersten lebenslänglichen Konsul Frankreichs, Napoleon, unterm 19. Februar 1803 erlassene „Mediationsakte", welche die neue schweizerische Bundesakte, inbegriffen die an deren Spitze gestellten Verfassungen sämmtlicher Kantone, umfaßte, wurde die Stadt Raperswil, sammt ihren ehemaligen Hofgemeinden, dem Kanton St. Gallen zugeschieden, der nunmehr zu den 19 eidgenössischen Kantonen zählte. Diese waren: Aargau, Appenzell, Basel, Bern, Bünden, Freiburg, Glarus, Luzern, St. Gallen, Schaffhausen, Schwyz, Solothurn, Tessin, Thurgau, Unterwalden, Uri, Waadt, Zug und Zürich. Wallis blieb zwar dem Namen nach ein Freistaat, jedoch unter französischer Herrschaft; Genf und das bischöflich baselsche Juragebiet waren ebenfalls Frankreich zugetheilt, Neuenburg aber blieb Preußen eigen.

Der neue Kanton St. Gallen wurde gebildet:
1. Durch die Landschaft und Stadt St. Gallen. Erstere umfaßte die Theile der alten, in das obere und untere

Amt und in Vogteien eingetheilten Landschaft St. Gallen; die vier Kantone Zürich, Luzern, Schwyz, Glarus hatten diese und das Stift durch das Schirmbündniß von 1451 zu schirmen, jener des Volkes Freiheiten, diesem dessen Herrlichkeiten. Die Stadt umfaßte deren ehemalig souveränes Gebiet.

2. Toggenburg, umfassend die alte Grafschaft Toggenburg, als Gebiet eigener Grafen so geheißen, und im Jahre 1469 durch Kauf von den Freiherrn von Raron an das Stift (Abtei) St. Gallen gekommen.

3. Rheinthal, Grafschaft, welche nach der Trennung des Rheingaues von Rhätien, im 10. Jahrhundert erst an die Grafen von Werdenberg, dann 1396 an Herzog Leopold von Oesterreich, 1405 an Appenzell und 1489 an die St. Gallischen Schirmorte Zürich, Luzern, Schwyz und Glarus gekommen, zu welchen auch Uri, Unterwalden, Zug, Appenzell und Bern in die Mitherrschaft getreten waren, welche allesammt das Land durch Landvögte regierten, indeß die Aebte von St. Gallen bedeutende Hoheitsrechte, Gerichte und Civilherrschaft darüber besaßen.

4. Grafschaft Sargans, im Jahre 1803 mit Werdenberg, Sax und Gams in einen Bezirk zusammenverschmolzen. Sargans, bewohnt von einem altrhätischen Volke, vom Flüßchen Sar die Sarumeten genannt, hatte vielen Herrschaftswechsel. Erst besaßen diese Herrschaft eigene Grafen, dann kam sie an die von Werdenberg, dann pfandweise an Oesterreich und von diesem theilweise an die Grafen von Toggenburg. Später fiel sie an Uri, Schwyz und Glarus, dann an die alten sieben, 1712 endlich an die acht alten Kantone. Dazu gehörte auch noch das Gebiet von Pfäfers mit seinen unschätzbaren Heilbädern. Die Grafschaft Werdenberg, von obiger durch den Schollberg

---

[1] Schweizerische Annalen von C. Müller von Friedberg.

getrennt, hatte bis ins 15. Jahrhundert seine Grafen, welche sie aber 1485 an Luzern verkauften; dieses ebenso 1493 an die Freiherrn von Castelwart und diese wieder 1498 an die Freiherrn von Hewen, welch letztere sie, weil die Werdenberger immer unbotmäßig blieben, 1517 an Glarus verhandelten. Die Freiherrschaft Hohensax und Forsteck blieb Eigenthum dieser Grafen, oder eines derer Zweige, bis Friedrich Ludwig selbe 1615 an Zürich verkaufte. Gams, dieses kleine Amt, kaufte sich los, als die Freiherrn von Hohensax ihre Herrschaft veräußerten, im Jahre 1468, ergab sich dann aber schon 1690, mit Vorbehalt wesentlicher Freiheiten, an Schwyz und Glarus.

5. Gaster, einstmals Herrschaft Windeck, mit dem Städtchen Weesen. Die Herrschaft Windeck (Gaster) wurde von rhätischen Herren an die Grafen von Lenzburg, von diesen an die von Kyburg, dann an die Habsburger und an Oesterreich abgetreten; von diesem endlich pfandweise an die Grafen von Toggenburg, an die Zürcher und schließlich, 1438, an Schwyz und Glarus. — Das Städtchen Weesen war nie in Verbindung mit Gaster, obwohl vom gleichen Landvogt durch einen besonderen Untervogt regiert. Die Weesener führten ihr eigen Panner, hatten eigenen Rath und Gericht. Sie wurden 1386, nach der Schlacht von Sempach, durch die Eidgenossen erobert.

6. Die Herrschaft Uznach, mit der Feste Uznaberg, kam von dem Grafen von Wandelberg an die Grafen von Rapersmil und von diesen an die Grafen von Toggenburg. Als diese ausgestorben, trat Uznach eigenmächtig in ein Landrecht mit Schwyz und Glarus und der Herr von Raron fand sich genöthigt, selbes an diese zwei Stände zu verpfänden und 1469 vollends zu verkaufen. Endlich

7. Stadt Rapersmil, das Gebiet der ehemals souveränen Stadt mit ihren Hofgemeinden.

Aus diesen heterogenen Bestandtheilen wurde der neue

Kanton St. Gallen zusammengesetzt. Eine Vielheit von Theilen, eine Verschiedenheit von bürgerlichen Einrichtungen, Sitten, Neigungen und Gewerben, von Eigenthümlichkeiten ihrer Bevölkerung, hätten diese Theile bei freier Auswahl wohl niemals zusammengekittet, es war nur möglich durch die Gewalt des Mediators. Diese Ungleichheit der Landestheile drohte auch später, wie wir sehen werden, dem Kantone mehr als einmal Auflösung und Abtrennung einzelner Landschaften.

Obbezeichnete Gebiete wurden nun in acht Bezirke eingetheilt, nämlich: St. Gallen, Rorschach, Goßau, Untertoggenburg, Obertoggenburg, Rheinthal, Sargans und Uznach. Der letztere Bezirk umfaßte das Gaster sammt Weesen, die Herrschaft Uznach und Raperswil (Stadt und Hofgemeinden). Die Stadt St. Gallen wurde Hauptort des Kantons und blieb es auch bei allen späteren Verfassungsänderungen. Die acht Bezirke zerfielen wieder in 44 Kreise, jeder aus einer oder mehreren Gemeinden gebildet. Der Bezirk Uznach wurde in fünf Kreise getheilt, nämlich: Schännis, Kaltbrunn, Uznach, Eschenbach und Raperswil. Der Kreis Raperswil aber bestund aus den Gemeinden Raperswil (ehemaliges Stadtgebiet) und Jona (den ehemal. drei Hofgemeinden).

Die höchste Gewalt hatte der Große Rath, bestehend aus 150 Abgeordneten. Jeder Kreis (außer St. Gallen, welchem ausnahmsweise fünf Mitglieder zufielen) wählte in denselben ein Mitglied durch unmittelbare Wahlen und für diese so gewählten 48 Großräthe war ein Alter von 30 Jahren alleinige Wählbarkeitsbedingung (1. Serie). Darüber hin wählte jeder Kreis weitere drei Männer aus den Bürgern außerhalb seines Gebiets, wovon jeder 25
[1] Jahre zählen und Fr. 16,000 Vermögen besitzen mußte

---

[1] St. Gallisches Kantensblatt von 1803. Vermittlungsurkunde, Verfassung des Kantons St. Gallen 1803.

(2. Serie); ebenso dann weitere zwei Bürger, welche über 50 Jahre alt, an Vermögen Fr. 4000 aufweisen konnten (3. Serie). Diese mittelbaren Wahlen ergaben 220, von denen dann 102 als Mitglieder des Großen Rathes ausgeloost wurden, und es hielten dann diese ihre Stellen lebenslänglich inne, unter der Bedingung, daß die der ersten Serie von 15 und die der zweiten Serie durch 30 Kreise als Kandidaten erkoren worden. Aller Andern Amtsdauer war fünf Jahre.

Die vollziehende Gewalt wurde einem Kleinen Rathe von neun Mitgliedern überantwortet, gewählt aus der Mitte des Großen Rathes, ohne aber dadurch der Großrathsstelle verlustig zu werden. Derer Wahl war auf sechs Jahre gültig, der Austritt nur je ein Drittheil und zur Wahl der Besitz von Fr. 9000 erforderlich.

Die Ortspolizei, Vertheilung und Bezug der Auflagen, das Armen- und Vormundschaftswesen, sowie die Aufnahmen von Hypothekarschatzungen, wurden, wie bisher den helvetischen Municipalitäten, in jeder Gemeinde einem Gemeinderath von 9—17 Mitgliedern, mit einer Amtsdauer von sechs Jahren zugeschieden. Die Erneuerung fand nur zum Dritttheil statt und der Gewählte mußte 30 Jahre alt sein und an Liegenschaften Fr. 500 besitzen.

Für die Pfarreien, Heimathsgenossenschaften (Ortsgemeinden) stellte dann ein Gesetz besondere Verwaltungsbehörden auf. Wenn aber eine politische Gemeinde nur aus **einer** Gemeindegenossenschaft bestund, war der Gemeinderath, sofern dessen Mitglieder Antheilhaber des Gemeindeguts waren, auch zugleich Verwaltungsbehörde der Gemeindegüter.[1]

---

[1] Dieses Verhältniß fand in Rapersmil statt, daher während der Mediation hier ein „Gemeinderath" auch Kirchen-, Schul-, Armen- und Ortsgemeindegüter verwaltete. Organisations-Gesetz von 1803.

Ein Friedensrichter in jedem Kreise, gewählt vom Kleinen Rathe, mit mindestens einem Vermögen von Fr. 1000, war Vorstand des Friedensgerichtes, das über „geringe Sachen" bis auf Fr. 16, erstinstanzlich aber bis auf Fr. 160 abzusprechen hatte. Es bestand dasselbe aus dem Friedensrichter und vier Beisitzern. Letztere wurden von den Kreisversammlungen auf fünf Jahre gewählt. Sie führten die Pfandprotokolle und ihnen kam die Erkennung und Fertigung der Pfandbriefe zu. Der Friedensrichter war ferner Vermittler in bürgerlichen Streitigkeiten, Vollziehungs- und Aufsichtsbeamter. In Fällen von Vergehen und Verbrechen war er Untersuchungsbeamter. Für die „bürgerliche" und „peinliche Rechtspflege" wurden Gerichte erster Instanz aufgestellt, von denen man die Fälle an das Appellationsgericht ziehen konnte, welches 13 Richter zählte. Zur Wahl dieser war der Besitz von Fr. 9000 erforderlich. Die Bezirksgerichte, aus je neun Mitgliedern bestehend, wurden vom Kleinen Rathe aus einem Dreiervorschlag des Appellationsgerichtes gewählt, und jeder Bezirksrichter mußte Fr. 3000 besitzen. Deren Kompetenz ging letztinstanzlich bis auf Fr. 160, erstinstanzlich über alle Streitigkeiten höheren Belangs, Dienstbarkeiten, Injurien u. s. w. Auch hatten sie weitgehende Strafkompetenzen. Verbrechen beurtheilte erstinstanzlich ein Criminalgericht, gewählt durch den Kleinen Rath aus der Zahl von [1] Friedens- oder Bezirksrichtern.

Für Administrativstreitigkeiten bestund ein besonderes Gericht, zusammengesetzt aus vier Appellationsrichtern und einem Mitgliede des Kleinen Rathes (Administrationsgericht).

Für alle Schweizer-Bürger, in Ehren stehend, war [2] die Niederlassung in allen Kantonen frei.

---

[1] Vermittlungsurkunde, Verfassung des Kantons St. Gallen 1803.
[2] Vermittlungsurkunde, Bundesverfassung 1803.

Das war die Verfassung des neugeschaffenen Kantons St. Gallen, bestehend in nur 24 Artikeln, und diesem gehörte nunmehr Raperswil an, dessen Institutionen zur Zeit seiner Selbstherrlichkeit vielmehr Freiheit enthielten, waren ja im neuen Kantone die Volksrechte möglichst beschnitten und nur den aristokratischen Anschauungen Rechnung getragen worden.

Für Einführung dieser Verfassung wurde in Paris eine Regierungs-Kommission ernannt, an deren Spitze der, als Repräsentant des helvetischen Senates, zu der Zeit alldort weilende Senator Müller von Friedberg. Diese Kommission konstituirte sich am 15. Mai 1803 und gab ihren Verfügungen überall durch exekutorisches Einschreiten französischer Truppen Nachdruck. Auf deren Anordnung wurde zu Ehren der bevorstehenden Einsetzung der neuen Regierung Sonntag den 17. April ein feierliches Dankfest abgehalten und doch hatte das Volk für alle seine Anstrengungen, Leiden und Opfer so — Weniges errungen.

Der schwächste Theil der Verfassung war wohl die Wahlart des Großen Rathes, weil selbe dem französischen Wahlmodus entnommen war, wo aber die großen Landeskreise und ein Kollegium von Notabeln ganz andere Verhältnisse bewirkten, als in kleinen Kreisen und bei dem Handmehr des Volkes. Die St. Gallische Wahlart war so mangelhaft, daß statt der 102 mittelbar gewählten Mitglieder nur 48 herauskamen, somit eine Auslosung unnöthig wurde und die oberste gesetzgebende Behörde statt aus 150 nur aus 96 Mitgliedern bestund. Das hinderte aber die Machthaber nicht, und es fanden gar keine Nachwahlen statt. Das Volk, längst müde geworden, ließ sich alles gefallen.

Der Große Rath versammelte sich das erste Mal den 15. April 1803. Dazu entsandte Raperswil, als unmittelbar gewähltes Mitglied, den ehemaligen Statthalter der alten Republik, Bonifaz Rickenmann. Mittelbar wurde von Rapperswil gewählt Büeler, Distriktsstatthalter des Kantons Linth, ein wissenschaftlich und praktisch gebildeter Jurist.

Bezeichnend für die Zustände damaliger Zeit war es, daß die Verfassung des Kantons St. Gallen zuerst im **Moniteur in Paris** erschien.

Der Große und Kleine Rath hatten nun die weitere Organisation der Landesverwaltung des neuen Kantons zu berathen und zu bestellen, eine schwierige Arbeit, wobei namentlich Müller von Friedberg, Reichsfreiherr, durch seine schöpferische Thätigkeit, staatsmännische Umsicht und seltene Rastlosigkeit das Wesentlichste dazu beigetragen hat. Es brauchte außerordentliche Kräfte und Talente in einer Zeit, wo Krieg überall seine Störungen getragen und die drückendsten Lasten auf den neuen Kanton gehäuft hatte, ohne daß sich Mittel fanden, diese zu lindern, lagen ja damals in beiden Kantonskassen, Sentis und Linth, welche nicht nur die Bestandtheile des späteren Kantons St. Gallen, sondern auch noch Glarus, Appenzell und einen Theil des Kantons Schwyz umfaßten, an Baarschaft mehr nicht als fl. 52.

Karl Frz. Al. Math. Müller von Friedberg, nunmehr Präsident des Großen und Kleinen Rathes, war geboren in Näfels 1755 und Landmann von Glarus. Ehedem Landvogt in Toggenburg, war er seit 1798 Bürger von Lichtensteig, dann Angestellter bei der helvetischen Regierung, bei deren Sturz Senator und endlich Mitglied der Consulta in Paris. Er war der eigentliche Gründer des Kantons und leitete dessen Ausbildung. Ein Mann, der, wo er stand und wirkte, Alle überragte durch vielseitiges Wissen, Gewandtheit und Arbeitskraft.

Die Gesetze über das Matrimonialwesen, Prozeßformen, über Armensache, Gesundheitspolizei und Erziehungswesen wurden erlassen. Der Erziehungsrath wurde von der Re=

gierung gewählt, aus Männern, den Bekenntnissen beider Religionen zugethan, geistlichen und weltlichen Standes, und zwar aus allen Bezirken des Kantons. In der Stadt St. Gallen selbst wurde ein Gymnasium errichtet, sammt einem Erziehungs-Pensionate, um Unterricht und Verpflegung der Zöglinge zu erleichtern. Bei dessen Inauguration sagte Müller von Friedberg: „Unwissenheit ist Tod des Geistes, im Geiste liegt die Kraft; Kraft heiße ich Tugend und Mannessinn; wer an diesem leer¹ ist, ist zum Knechte berufen, wenn er auch von einem römischen Bürgermeister abstammte."

Ferner folgten Verordnungen über Kirchen-, Steuer- und Finanzwesen, indeß bei erstern jedoch die Beziehungen zu den Bischöfen von Konstanz und Chur unverändert blieben, womit dann die Staatsmaschine im Gange war.

Das Volk selbst, gedrückt von bisherigen Militärlasten, müde der lang gewalteten Anarchie, fügte sich in alles und mußte sich fügen, denn wo die Unterwerfung fehlte, stellte französisches Kriegsvolk, welches die Regierung zur Verfügung hatte, die Ordnung her.

Damit war auch die Rahme gegeben, innert der sich künftig die Stadt Raperswil zu bewegen hatte.

Indeß durch Anordnung der aufgestellten Regierungs-Kommission die Municipalität und übrige helvetische Behörden bis zum Eintritt der neuen Gesetze fortamtirten, wurde am 3. April 1803 die erste Kreisversammlung, zu deren Abhaltung es immer der Bewilligung des Distriktsstatthalters bedurfte, in der Stadtpfarrkirche Raperswil abgehalten. Dabei erschienen die Bürger der Stadt, ferner die von Bollingen, Wagen, Jona und Bußkirch (frühere Hofgemeinden). Allesammt zählten damals nur 229 stimmfähige Männer. Zu dieser Feier wurde die Stadtwache

---

¹ Schweiz. Annalen von C. Müller v. Friedberg.

verdoppelt; zwei Mann hielten die Wache vor den Kirch=
thüren, vier Mann vor dem äußern (östlichen) Thore. Die
Vermittlungsakte des ersten Konsuls der fränkischen Re=
publik, vom 19. Februar 1803, wurde belesen, durch deren
genaue Befolgung, laut Proklamation der Regierungs=
Kommission, dem neuen Kanton seine Selbstständigkeit als
Staat gesichert bleibe, während deren Verletzung un=
mittelbar dessen Untergang folgen würde.

Am 24. Juli hierauf wählte die Gemeindeversamm=
lung der Stadt Raperswil, nunmehr „Generalversamm=
lung (aller Aktivbürger)" geheißen, zum erstenmal einen
Gemeinderath von 13 Mitgliedern, inbegriffen den Syndicus
und zwei Beisitzer.¹ Zur Feier des Tages wurden die
Bürger und Hintersäßen auf dem Rathhause bewirthet,
tranken aus goldenen Pokalen den Rebensaft eigener Ge=
lände und fühlten sich wieder wonniglich, wie in den Tagen
früherer Selbstständigkeit!

Wie alle Einrichtungen für den Kanton neu geschaffen
werden mußten, so fehlte es auch an vielen nöthigen Ge=
bäulichkeiten, so namentlich für Verbrecher. Es wurde nun
für solche aus den Theilen der ehemaligen Kantone Linth
und Sentis das Schloß Raperswil bestimmt. Wo
ehedem die ritterlichen Grafen ihren Wohnsitz gehalten,
gingen jetzt die gefesselten Sträflinge aus und ein — und
statt der Waffen im Rittersaale, klirrten die Ketten der
Zuchthausbewohner.

Die dasige Zuchtanstalt blieb bis 1820, wo sie aufgehoben
und mit jener zu St. Leonhard in St. Gallen vereinigt wurde.

An Stelle der Municipalität traten jetzt die Gemeinde=

---

[1] Die Beisitzer waren Stellvertreter des Syndiks und mußten
von diesem zugezogen werden, wenn in dringenden Fällen Verfüg=
ungen zu treffen waren, welche sonst dem ganzen Gemeinderath
zustunden.

räthe, welche fortan das Gemeindewohl zu berathen berufen waren.[1] Ein Abendtrunk, den Bürgern gegeben aus den Gemeindekellern, sollte die Neugestaltung der Gemeinde illustriren.

Wie ehedem die österreichischen Adler, die noch überall als historische Ueberlieferungen geblieben, dem Motto von „Freiheit und Gleichheit" hatten weichen müssen, so wurde jetzt, auf Anordnung der Regierungskommission, an deren Stelle das neue St. Gallische Wappen, silberne Fasces (Sinnbild der Eintracht und Souveränität) mit einem breiten, glatten, grünen Band umwunden, in grünem Felde, an den Thoren der Stadt angebracht. Dabei erklärte man aber keineswegs dem Wappen der Stadt, den Rosen im weisen Plan, den Krieg, dem Stolze der Raperswiler von ehemals.

Die neue Ordnung, Bundesakte und Verfassungen der Kantone und deren zusammengewürfelte Landestheile, suchte man festzukitten durch den allgemeinen Bürgereid, nachdem man so viele Vasen von Verfassungen durchgemacht, wovon die letzte, die helvetische, eine allgemeine Centralisation angestrebt und theilweise durchgeführt hatte, indeß durch die Mediationsakte das Gegentheil angestrebt wurde. Münz=, Zoll=, Salz= und Postwesen wurden wieder Sache der Kantone.

Die Eidesleistung aller Kantons= und Schweizer=Bürger, vom Alter von 18 Jahren an, wurde im Kanton St. Gallen am 11. Dezember 1803, kreisweise in den Kirchen und ohne jegliche Störung vorgenommen, wozu wohl die Reste des französischen Heeres, welche stets die Executionsmannschaft bildeten, das ihrige beigetragen, räumten ja die fränkischen Soldaten, nachdem sie sechs Jahre lang die Schweiz besetzt, diese des gänzlichen erst im Jahre 1804.

---

[1] Gesetz vom 21. Juli 1803.

Allein überall lief es so glatt nicht ab. Im Kanton Zürich machten das aristokratische Uebergewicht der Stadt gegenüber dem Lande, das Zehntenloskaufsgesetz, den man, statt abzuschaffen, zu hoch gewerthet fand, die ausschließliche Wahl der Pfarrherrn durch die Regierung, sowie der Lehrer durch die Erziehungsbehörde, das Volk unzufrieden. Wenige leisteten den verlangten Huldigungseid; in Wädenschwil, Richterswil und Schönenberg gingen die Bürger stürmisch, ohne Eidesleistung auseinander, in Meilen und Stäfa gings wenig besser. Der Widerstand gegen diese Huldigung pflanzte sich von einer Gemeinde auf die andere fort, so daß die Zürcher-Regierung 500 Mann Truppen aufbot, und St. Gallen nebst anderen Ständen zum eidgenössischen Aufsehen mahnte. Der Schultheiß Nikl. von Wattenwil, Landammann der Schweiz, ließ Bundestruppen marschiren, welche, vereinigt mit den zürcherischen Milizen, in der Richtung gegen Horgen und Wädenschwil marschirten. Aber die Aufständischen, an der Spitze Schuster Willi, schlugen diese und erbeuteten eine Kanone. Von Wattenwil entsendete jetzt über 2000 Soldaten, welche Wädenschwil und andere Landestheile besetzten und den Aufruhr dämmten. Willi, Häberli und Schnäbeli, die Anführer des Aufstandes, starben auf dem Blutgerüste, andere wurden erschossen oder mit Geld gestraft, je nach Schwere ihrer Verbrechen. Das brachte auch wieder Gährung in andere Kantone, hatte man sich ja schon längst an den Unbestand politischer Zustände gewöhnt. Die Regierung von St. Gallen fühlte sich ebenfalls unsicher, besaß aber weder Waffen (mußten ja 1802 den französischen Truppen alle Waffen in der ganzen Schweiz abgegeben werden, welche dann nach der Waadt gekommen)[1] noch hatte sie Mannschaft, noch Geld; konnten ja in den steten Wirren und Bedrängnissen weder

---

[1] Tillier, Geschichte.

Steuern noch Abgaben bezogen werden, so daß diese seit 1799 ausstunden, indeß neu dekretirte fast nicht einzutreiben waren. Die Regierung, in Betracht der eigenen lockern Zustände und im Sinne eidgenössischen Aufsehens, verfügte, daß in jedem Landkreise 10, in der Stadt St. Gallen 50 Freiwillige aufgeboten wurden (April 1804); allein dieselben wurden nicht gefunden ohne durch die für diesen Fall verordnete Ausloosung. So stellte Raperswil nur drei, welche man unter Bürgern von 18—25 Jahren aus-[1] looste, womit aber die Regierung sich begnügte. Glücklicherweise wurden diese Eliten nicht verwendet, und die Verlegenheit, in der die Oberbehörde sich befunden, gab den Anlaß, bis zur Feststellung einer Militärorganisation durch den Großen Rath (Mai 1804) ein Auszügerkorps von 600 Mann zu errichten, welche die Kreise nach der [1] Bevölkerung ausheben, und dennen die Gemeinden Waffen verschaffen mußten.

Wegen der unmittelbaren Nähe der aufrührerischen zürcherischen Gemeinden sorgte übrigens Raperswil für seine eigene Sicherheit selbsten und ließ die Stadt durch 12—24 Mann bewachen.

Da dem Beherrscher Frankreichs vor allem daran gelegen war, das Schweizerland und dessen Bewohner zu seinen Kriegszügen in Mitleidenschaft zu ziehen, schloß er mit der Schweiz im Oktober 1803 ein Schutzbündniß ab, welches das Land gänzlich an Frankreich fesselte, ohne daß man dem Willen des Allgewaltigen entgegentreten durfte. Diese Allianz berechtigte Frankreich zur Werbung von 16,000 Mann, welche bis auf 24,000 gesteigert werden konnte. Auch diese wurden, so viel es dem Kanton St. Gallen traf, auf die Kreise vertheilt. Der Angeworbene erhielt von Frankreich 2 Louisd'ors. Stadt Raperswil, die 5 bis

---
[1] Protokoll des Gemeinderathes Raperswil.

6 Mann zu werben hatte, zahlte an jeden noch weitere
¹ 16 Franken und die Regierung ließ es an nichts mangeln,
diese Menschenverkäuferei allwärts zu empfehlen, um dem
großen Feldherrn zu genügen, der nicht ermangelte, drohende Noten an die Schweiz zu richten, denn die Werbung
ging so schlecht, daß im Juli 1806 dem ersten zu stellenden
Regimente noch 2000 Mann fehlten. Niemand wollte in
dem Ding sein. Der Kanton St. Gallen hatte an die 144
schweizerischen Compagnien zwölfe zu liefern, und ihm
fehlten 1807 noch neun Compagnien. Die Drohungen
Napoleon's machten jegliche Rücksichten verstummen, und
um ihr Contingent zu Stande zu bringen, gab die st. gall.
Staatskassa jedem Rekruten, unabzügig des Handgeldes,
zwei Kronenthaler, und als auch das nicht helfen wollte,
stieg man auf 2 Louisdors, und später, 1809, als Frankreich den Krieg gegen Oesterreich begonnen und Napoleon
auf Ergänzung der capitulirten Regimenter drängte und
mit Einführung der Conscription drohte, sogar auf 4 und
endlich auf 6 Louisb'ors. Ein neuer Abschluß der Militärcapitulation, der 1812 erfolgte, wodurch die Schweiz statt
16,000 nur 12,000 Mann stellen mußte, besserte die Verhältnisse nicht.

Das schwächte den ohnehin gelbarmen Kanton, aber
weit mehr Einbuße litt die öffentliche Moral. Um Leute
zu gewinnen und zu verführen, gestattete man (1807) die
ganze Faßnachtszeit den täglichen Tanz; Werber und Betrunkene zogen lärmend durch alle Ortschaften und Gaßen,
um andere, leichtsinnige Junge durch Wein und Musik zum
Soldatenleben zu reizen, um dann auf den Schlachtfeldern
für den fränkischen Kaiser, nicht aber für Vaterland und
Recht ihr Blut zu opfern. Ja, um die nöthige Zahl Soldaten zu liefern, wurde auf eine Menge von Vergehen

---

¹ Protokoll des Gemeinderathes Raperswil.

und Verbrechen der Eintritt in die französischen Regimenter als Strafe festgesetzt, und da auch das nicht genügte, so wurde der Kleine Rath ermächtigt, liederliche oder dem Bettel ergebene Leute, Spieler und Säufer, durch eine besondere Commission in die Regimenter zu verschicken, dagegen mußten auf Befehl des großen Mannes alle in englischen Kriegsdiensten befindlichen Schweizerbürger, bei Verlust ihres Bürgerrechtes, zurückberufen werden, um England nicht blos durch die angeordnete Continentalsperre, welche auch die Schweiz auf's strengste handhaben mußte, zu schädigen! — Das waren die Früchten französischer Allianz und die schweizerische Unabhängigkeit stund stets unter dem Damoklesschwerte des sieggewohnten Despoten!

Wie überall waren in der Zeit auch in Rapperswil die Zustände in arger Verwirrung. Die Revolution und in deren Folge die Anarchie, welche überall zu Tage getreten, hatten alle ehevorigen Pflichtverhältnisse gelockert. Die Bewohner der Gemeinde Jona weigerten sich die ehemaligen Schloßgefälle, Holz und Hennen, sowie die Steuer zu entrichten, und erst nach langem konnte mit den Pflichtigen eine Verständigung getroffen werden, dahin, daß jede Gerechtigkeit für Holz, Hennen und Steuer ein Capital von fl. 23 zu entrichten habe, mit Zins von 1804/6, womit aber diese Feudallast ein für allemal aufgehoben blieb, für frühere Jahre aber wurde die Abgabe gestrichen.

Das Kloster Einsiedeln weigerte sich, die zwei Käse, welche seit undenklichen Zeiten auf Neujahr an die Stadt zu verabfolgen waren, ferner zu liefern, und konnte nur dadurch zur Pflichterfüllung angehalten werden, daß man drohte, die bisherige Zollfreiheit der Brücke für das Kloster aufzuheben. Auch die hiesigen Priester, welche ebenfalls Neujahrskäse zu geben hatten, versuchten die Last abzuwälzen, und der Pfarrer von Jona die Kilbikrone (fl. 27. 10) nicht mehr zu bezahlen. Die Gemeinde Jona, im Gefühle erhaltener Selbstständigkeit, verlangte ihre Pfarrei von Raperswil zu trennen und einen eigenen Pfarrer zu erwählen — jedoch umsonst, da selbe urkundlich mit der Stadtfrühmesserei inkorporirt war. Bußkirch aber glaubte den Hof, welcher einem jeweiligen Sigristen zudiente, als Eigenthum ansprechen zu können, gegenüber Raperswil, welches auf diesem Grundstücke nur die Servitut, einen Sigristen für die Kirche Bußkirch zu stellen, anerkannte. Die Stadt mußte ihre alten Rechte erstreiten. Der daherige Prozeß wurde am 19. April 1819 zu deren Gunsten entschieden und der Hof als Eigenthum ihr zuerkannt.

Ebenso wurde später (1821) Raperswil die ihm zustehende Wahl eines Sigristen zu Bußkirch bestritten, dessen Rechte aber durch das Administrationsgericht bestätigt.

So waren alle Rechtsverhältnisse gelockert und die Behörden mußten überall mit Mühen und Prozessen ihre frühern Rechtsame zur Geltung bringen.

Die Gemeinde Jona machte Ansprüche an dem Fluh[1] gut, als dieser Hof für fl. 24,327 (März 1810) verkauft worden, und verlangte, daß Raperswil, wenn das ehemalige Siechenhaus sammt Gütern veräußert werde, dagegen die Armen ihrer Gemeinde zu erhalten habe, da ja diese früherhin häufig in den Spital der Stadt oder in's Fluhhaus (Siechenhaus) aufgenommen worden. Diese Ansprüche wurden jedoch gütlich beseitigt, indem durch Vergleich vom 26. Juli 1810 Jona fl. 600 empfing, dagegen auf alle und jede Ansprüche zur Verpflegung ihrer Armen verzichtete. Um die Einwendungen Jona's gegen den Verkauf der Kirche an der Fluh zu beschwichtigen, zahlte Raperswil, wie an den Joner-Armenfond, so jetzt noch an den Joner-Kirchfond fernere fl. 600, womit dann sämmt-

---

[1] Siehe Geschichte von Raperswil, vom Verfasser, I. 132.

liche Güter und Einkünfte der frühern Siechenanstalt der Stadt zur freien Verfügung blieben.

Da selbstverständlich während den steten Kriegszügen, Verfassungsänderungen und Unruhen die Schulen vernachlässigt, das Institut der Piaristen aufgehoben worden, nahm man endlich 1803 wieder Bedacht auf die Reorganisation des Erziehungswesens. Die Schulen wurden nunmehr in drei Classen getheilt. Die erste war die Trivial= (Elementar=) Schule. Die zweite umfaßte den vollständigen Unterricht im Rechnen, Recht= und Schönschreiben, in Geographie, Geschichte, in der Elementaranleitung zur Geometrie, und Vorbereitung der Schüler für den Unterricht in der lateinischen Sprache (die Normalschule geheißen). Die dritte Classe endlich umfaßte den Lateinunterricht von den Anfängen bis zur Rhetorik. Das zu verwirklichen wurden Lehrer auch im Auslande gesucht und gewählt.

Die kantonale Gesetzgebung suchte auch die Landwirthschaft zu heben, und hob, in dem Sinne, den Weidgang auf in Waldungen und auf Allmeinden. Das gab Anlaß [1] zur Vertheilung von Allmeinden und Waldungen, wozu freilich eine Bewilligung der Regierung erforderlich war. Jona, Kempraten, Wagen und Bußkirch vertheilten nun ihre schönen Gemeindsgüter, ungeachtet daß Raperwil wegen der Antheilhabe durch ihre Lehenhöfe dagegen stete Einsprache erhob, in den Jahren 1808 und 1810. So verschlang die Mitwelt, was die Vorzeit mühsam für alle Zukunft geschaffen und zusammengehäuft, ohne der Nachkommen zu gedenken. Raperswil aber beschloß, was von den Voreltern aufgespart worden, auch der Nachwelt zu erhalten, verwarf weise alle solchen Theilungsanträge, und ihre Wälder und Allmeinden bilden heute noch das Vermögen der Heimathgenossen (Ortsgemeinde).

---

[1] Gesetz vom 13. Mai 1807.

Die fast unerschwinglichen Lasten jahrelanger Einquartirung fremder Heere, die Höhe der Lebensmittelpreise, eine Folge des Aufenthaltes fremder Truppen und von Mißwachs, ließen die Gemeinde an keinerlei öffentliche Werke mehr Hand anlegen. Einzig baute man in den ersten Jahren dieser neuen Aera, statt der bisherigen Straße nach Kempraten entlang der Stadtziegelhütte und dem Seeufer, eine solche von dem östlichen Stadtthore aus in direkter Linie und faßte diese Chaussee mit einer Pappelreihe ein, welche heute noch gleich einer Paradeordnung von Soldaten dasteht. Die Schulden zu mindern verkaufte die Stadt ihre Zehntgefälle zu Britisellen, Oberbollingen und Schlatt; wie schon oben gesagt die Armengüter an der Fluh, ferner den Rüttlinger- und Bollingerhof, das Städelische Handlehen zu Britisellen, den Bülerischen Lehenhof allda u. s. w., ja selbst der Stadt Zunfthaus (Schmidstube), wo Jahrhunderte durch die Bürger tagten, in freudigen Tagen aus goldenen Bechern sich den Wein kredenzten, in Zeiten der Noth aber sich Muth und Ausdauer gelobten.

Die Brücke, ohnehin beim Rückzuge der Franzosen im [1] Jahre 1799, gegen die verbündeten Heere, großentheils zerstört und unbrauchbar gemacht — blieb lange in einem kläglichen Zustande. Da man aber endlich den Frieden unter den europäischen Mächten zurückgekehrt sah, nach und nach überall Ordnung wiederkehrte, dachte man auch an die Herstellung dieses so nothwendigen Verkehrsmittels. Daran knüpfte man jedoch die Bedingung einer Zollerhöhung, welche auch von der schweizerischen Tagsatzung (1803) in Freiburg bewilligt wurde. Die Gemeinde schloß zu dem Zwecke ein Anleihen von fl. 5000 ab und begann sofort die nöthige Restauration, womit aber die Seebrücke, welche

---

[1] Gemeinderathsprotokoll von 1809/12.

so sehr durch Alter und Kriege gelitten, noch lange nicht [1]
in befriedigendem Zustand sich befand, sondern nur der
dringendsten Noth abgeholfen war. Die langen Zeiten der Revolutionen hatten aber nicht
nur die empfindlichsten materiellen Verluste herbeigeführt,
sie hatten auch alle Sitten gelockert. Mit den vielen fremden Soldaten zogen Zügellosigkeit, Unmäßigkeit und Rohheit in's Land. Die Behörden sahen sich zu den strengsten
Maßnahmen verpflichtet. Den Weibspersonen mußte verboten werden, von Anfang der Nacht bis Abends 9 Uhr
die Straßen, ohne ein geschlossenes Licht bei sich zu führen, [1]
zu betreten; Gesellen wurde jeglicher Umgang mit Bürgerstöchtern ernst untersagt. Wirths- und Schenkhäuser, selbst
die Gassen, wurden nach 10 Uhr Abend polizeilich gesäubert. Während des Gottesdienstes an Sonn- und Feiertagen wurde Niemand auf dem Kirchhof, Burgplatz, noch
auf den Straßen gebuldet, und alle Arbeiten, selbst das
Wasserholen, bestraft. Auch die Autorität der Behörden
war dahin. Selbe wieder zu erhalten, sollten strenge Maßnahmen erwirken. Als zwei Mägde von Verpfründeten auf
der Kuhweid, wo sie nach ergangener Verordnung nur
gegen eine Taxe Vieh auftreiben durften, diese zu erlegen
sich weigerten, äußernd: „die Municipalität wolle das Kuh- [2]
geld in ihren eigenen Sack schieben, es seien halt hungrige
Herren", mußten sie zufolge Urtheils des Distrikts-(Bezirks-)
Gerichtes bei offener Thüre öffentliche Abbitte leisten, dann
ebenso dem Präsidenten der Municipalität in dessen Hause,
und endlich wurden sie durch den Gerichtsweibel auf die
Kuhweid geführt, um nach allen Himmelsgegenden die Injurie zurückzunehmen und abermals Abbitte zu thun.

Da auch die Opfer, welche einen Theil des Pfarr-

---

[1] Gemeindsprotokolle von 1809/12.
[2] Protokoll der Municipalität und Gemeindskammer von 1803.

einkommens bildeten, nicht mehr floßen, wurden auch diese wieder obrigkeitlich geboten für jeden in der Kirche Anwesenden und zur Aneiferung mußten die Beamten mit gutem Beispiele vorgehen. Beinebens aber kam man, nachdem die Ausschreitungen der Revolution, sowie die helvetische Unordnung mehr Freiheiten gebracht, als das Volk zu tragen vermochte, wieder in längst begrabene Zustände und Formen zurück. Reformirte wurden nur mehr in aller Stille begraben, als ob sie nicht auch Kinder wären des einen ewigen Vaters über den Sternen; weder die Abhaltung eines evangelischen Gottesdienstes, noch die Errichtung reformirter Schulen wurde gestattet. Der allgemeinen Sicherheit wegen wurden ängstlich alle Ausgänge der Stadt verrammelt oder mit Eisengittern versehen; die Ringmauern erhöht, an Haab und Schutzgatter (Fortifikation am See) Pallisaden errichtet, ja noch im Jahre 1828 durfte Niemand einen Ausgang nach den Schanzen, noch einen Graben öffnen. Man suchte nochmals die längst vergangene Zeit zu verknöchern, aber vergebens, denn ihre Anforderungen sind stärker als der einzelne Mensch. Während des Gottesdienstes an Sonn- und Feiertagen wurden Fuhrwerke und Kutschen weder in noch außer die Stadt gelassen und die Thore während Messe und Predigt geschlossen. Die veralteten, in Folge Umwandlung der Produktionsformen längst morsch gewordenen und durch die Revolution aufgehobenen Zünfte traten zwar nicht wieder in's Leben, wurden aber ersetzt durch Handwerksordnungen, welche nicht viel Besseres leisteten, wurden ja selbst Krämer von den Märkten fortgewiesen, wenn sie Waaren feil boten, welche hiesige Handwerker selbst fertigten, wie über-

---

[1] Gemeinderrotokolle von 1809/12.
[2] Protokolle des Gemeinde- und Verwaltungsrathes.
[3] Gesetz von 1805, 22. Mai.

haupt Niemand, außer an Markttagen, Waaren feil halten
durfte, der außer der Stadt wohnhaft war. Das geschah
übrigens noch weit mehr nach Aufhebung der Vermittlungs=
akte, indem die Verkehrsverhältnisse von 1814 an sich noch
viel engherziger gestalteten, was sogar auch nach der Ver=
fassung von 1831 noch theilweise fortdauerte, wo dann
aber freilich wenigstens vergegenrechtete Staaten eine Aus=
nahme machten.

Kaufmannsgüter durfte Niemand selbst holen und in
Empfang nehmen, sondern die Weinzüger (Karrenzieher) [1]
mußten solche gegen die von der Obrigkeit festgesetzte Taxe
überbringen. Ungerne fügte man sich in die ungewohnte
freie Niederlassung aller Schweizerbürger, welche die Me=
diationsakte feststellte, namentlich der Falliten, und ver=
wendete sich umsonst gegen Aufnahme derselben, wodurch
der Stadt Kredit ja nur leiden konnte. Die Fremden, hier
niedergelassen, hatten, ohne stimm= und wahlberechtigt zu
sein, an die Gemeindeausgaben jährlich nur 4 Fr., und
2 Batzen von fl. 100 Vermögen in Allem abzutragen, ja
in den meisten Fällen statt dessen nur eine jährliche
Aversalsumme von 10 bis 20 alten Schweizerfranken; denn
alle Ausgaben für Armen=, Kirchen=, Schul= und Polizei= [1]
zwecke wurden von der Gemeinde der Antheilhaber (Orts=
genossengemeinde) getragen, hatten ja auch alle Gemeinde=
güter nur den ursprünglichen Zweck, dem öffentlichen Wohl
zuzudienen. Es bildeten übrigens die Niedergelassenen da=
mals einen ganz minimen Theil der Bevölkerung. Statt
sie heranzuziehen, beschränkte man sie wo möglich; sie
durften keinerlei, als den in ihren Ausweisschriften ent=
haltenen, von ihnen erlernten Beruf betreiben, und als die
Vermittlungsakte später aufgehoben wurden, wurden solche,
welche Gewerbe ausübten, die dem Bürger Konkurrenz

---

[1] Protokolle des Gemeinde= und Verwaltungsrathes.

machten, von den nun dazu befugten Gemeinderäthen meist gar nicht aufgenommen. Und doch wäre ein Zufluß Fremder für das Emporblühen Raperswil's so geboten gewesen, denn die Stadt zählte 1809 nur 905 Seelen, darunter 50 reformirter Confession, die fast einzig die Zahl der Niedergelassenen bildeten. Wie die Vermittlungsakte die freie Niederlassung festsetzte, so sicherte das Gesetz vom 19. Mai 1804 Jedem die Aufnahme in's Ortsbürgerrecht gegen eine festgesetzte Taxe (in Raperswyl fl. 1375) bis 1824, wo eine Bürgerannahme fortan an den Willen der Ortsgenossenversammlung geknüpft wurde.

In Kirchensachen machten sich jetzt einige Reformen geltend. Der Generalvicar zu Konstanz, Freiherr von Wessenberg, schaffte schon 1803 alle Bittgänge ab, welche über zwei Stunden von der Pfarrkirche sich entfernten, namentlich, wo am Wallfahrtsorte Uebernachten stattfand (Einsiedeln), weil dabei statt Erbauung und Frömmigkeit häufig Liederlichkeit und ungebundenes Wesen zur Geltung kommen. Das fiel in Raperswil weniger auf, war ja die Prozession nach Einsiedeln wegen den Kriegszeiten häufig und auf lange unterbrochen, und hatte man ja ohnehin noch viele Bittgänge, namentlich die feierliche Prozession am Frohnleichnamsfeste, wo der Zug, mit vielen Knaben als Engel gekleidet vor dem Venerabile, nach Kempraten, Jona und Bußkirch, dann hier, in Schiffe verladen, über den See nach der Halbinselstadt sich bewegte. Harnischmänner erhöhten die Festlichkeit, der die alten Hof= gemeinden beiwohnten bis 1809, wo sie auch im Religiösen mit der Stadt keine Gemeinschaft mehr halten wollten. Damit ging dann auch diese kirchliche Seefahrt für immer ein.

Als aber der Bischof von Konstanz 1809 auch die Monatsprozessionen abschafte, erregte das Unzufriedenheit

---

[1] Verordnung der bischöfl. Curia vom 17. März 1803.

überall, wo man ungerne von alten Gewohnheiten und Uebungen sich trennte. Der Gemeinderath der Stadt Raperswil machte dagegen Vorstellungen, wie ihre Vorväter in Zeiten der Noth die Gelöbnisse für diese Bittgänge gemacht, welche zu halten der Nachkommen Pflicht bleibe — aber umsonst, der Bischof blieb bei seinem Verbote stehen, den Raperswilern freilassend, dagegen andere Andachtsübungen zu veranstalten.

Eine spätere Zeit führte alle diese Bittgänge, selbst den nach Einsiedeln, wieder ein, so fest, fast unaustilgbar, wurzeln Herkommen und Gewohnheiten.

Zu der Zeit traten die Absichten des französischen Nachbarlandes immer deutlicher hervor und die Einverleibung der Schweiz mit dem fränkischen Kaiserreiche rückte mit jedem Tage näher. Im Oktober 1810 besetzten dessen Truppen den Kanton Tessin und vereinigten zwölf Tage später die Republik Wallis mit Frankreich. Man zitterte mit Recht vor der Macht und Gewalt des Mannes in Paris — und die Schweiz, über alle ihr angethane Schmach, trotzdem, daß sie thatsächlich als Unterthanenland behandelt wurde, sandte dahin eine Abordnung zur Beglückwünschung der Verlobung Napoleon's mit der österreichischen Erzherzogin Marie Louise, und ließ später durch 50 Kanonenschüsse in der Bundesstadt Solothurn dem Volke die Geburt des kaiserlichen französischen Kronprinzen, des „Königs von Rom" verkünden (1811). St. Gallen mit 100 Kanonenschüssen und andere Städte überboten noch den Bundesort. Aber weder Schmeicheln noch Kriechen erreichten materielle Begünstigungen, noch beruhigende Zusicherungen. Die Schweiz wurde wie andere Staaten vom großen Kaiser rücksichtslos ausgebeutet für die französische Armee und für die Interessen französischen Handels. Und als endlich, 1812, das ungeheure napoleonische Heer in Rußland seine Vernichtung fand, wurden die Anforderungen an die Eidge=

nossenschaft noch erhöht, bis endlich die Völkerschlacht bei Leipzig, 18. Oktober 1813, das französische Joch zertrümmerte, unter welchem über 15 Jahre lang die Schweiz ihr sorgenvolles Leben durchgekeucht.

Die bisher vereinzelt gestandenen und stets von den Franzosen geschlagenen Mächte, wurden Alliirte, und standen nun zusammen dem Weltbeherrscher gegenüber. Die Schweiz that Alles, ihre Neutralität zu handhaben, und erließ am 18. November 1813 eine diesbezügliche Erklärung, und die in Frankfurt a. M. versammelten Verbündeten sicherten selbe, wie überhaupt auch die schweizerische Selbstständigkeit bereitwillig zu. Ein kleines Heer hütete die Grenzen in Tessin und Graubünden, sowie von St. Moriz in Wallis bis Basel und Laufenburg. Gleichwohl dauerten die Schweizerregimenter in französischen Diensten fort, bedurfte ja Frankreich deren jetzt vorzugsweise. St. Gallen, um Anwerbungen zu ermöglichen, sicherte jetzt (November 1813) allen „Geduldeten", welche in diese Militärdienste traten, die unentgeltliche Ertheilung des Gemeinde= und Kantonsbürgerrechtes zu, welch ersteres jene Gemeinden zu geben hatten, für deren Rechnung die Anwerbung geschah.

Die Heere der Verbündeten zogen dann aber, trotz allen gemachten Zusicherungen, unter Führung des Feldmarschalls Fürsten von Schwarzenberg, am 21. Dezember 1813 durch Schaffhausen, Laufenburg und Basel über den Rhein in die Schweiz und von da aus nach Frankreich. Das Neutralitätsheer der Eidgenossenschaft, wozu St. Gallen 2000 Mann lieferte, mußte schmählich diesen Gewaltakt mitansehen, und wurde auch, als nutzlos, sofort entlassen. Eine Note der Bevollmächtigten Oesterreichs und Rußlands sprach sich deutlich dahin aus, daß der Schweiz die Unabhängigkeit gesichert werde, daß aber mit dieser die Fortdauer des jetzigen Zustandes der Dinge unvereinbarlich sei.

Damit war der Fortbestand der Mediationsakte zur

Unmöglichkeit geworden, sowie auch in Wallis, Genf, Neuenburg und in den übrigen Juragebieten die französische Herrschaft ein Ende nahm.

Alles deutete darauf hin, daß die früheren Wirren wiederkehren, und wie die Mächte es mit der Napoleon'schen Bundesakte hielten, zeigte klar ihr Verbot des Uebergangs der Direktorialgewalt vom Stande Zürich nach Luzern, wie es im Dezember 1813 hätte geschehen sollen und sie ertheilten an Reinhard, den schweiz. Landammann, die Weisung, als Dictator einstweilen fortzuamtiren. Das waren Zeichen, welche deutlich genug sprachen.

Das Benehmen der Alliirten gab klar zu verstehen, daß die schweizerische Bundesordnung neu müsse gestaltet werden. Der Landammann von Reinhard rief zu dem Zwecke Abgeordnete der alten und neuen Kantone zu einer Versammlung in die Bundesstadt. Aber seinem Rufe folgten nur 12 Kantone, als: Zürich, Uri, Luzern, Glarus, Zug, Basel, Schaffhausen, Appenzell, St. Gallen, Thurgau, Waadt und Aargau. Von den neuen Kantonen fehlten Graubünden und Tessin, von den alten Schwyz, Unterwalden, Bern, Freiburg und Solothurn. Diese Abgeordneten hießen sich „eidgenössische Versammlung", und beriethen über eine neue eidgenössische Basis — dann kamen später, ebenfalls unter Mitwirkung des Landammanns v. Reinhard, zehn der alten Kantone allein zusammen und beriethen sich auch über eine neue Bundesakte; es waren Uri, Schwyz, Luzern, Zürich, Glarus, Zug, Freiburg, Basel, Schaffhausen und Appenzell (beide Rhoden). Damit war die Mediationsakte thatsächlich aufgegeben, und letztere 10 Stände setzten an deren Stelle ein schweizerisches Provisorium, 29. Dezember 1813. Denselben schlossen sich dann in ihrer Unsicherheit auch die neuen Kantone an. St. Gallen Aargau, Thurgau und Waadt erklärten ihren Beitritt gleichen Tages. Tessin folgte am 15. Jan. 1814. Graubünden blieb mit seiner Entschließung zurück.

Zweiter Abschnitt.
Von der Aufhebung der Mediationsakte bis zur Einführung der Kantonsverfassung von 1831.

Bei der neuen Gestaltung schweizerischer Bundesverhältnisse traten nun Wirren von allen Seiten ein. Jeder Kanton schien nur für seine Sonderinteressen einzustehen, ohne des schweizerischen Vaterlandes Wohl zu berücksichtigen. Die Kantone aber hatten nunfort sich selbsten auch feste Verfassungen zu geben, gleichsam eine Wiedergeburt eintreten zu lassen, waren ja mit der Mediationsakte auch die kantonalen Verfassungen aufgehoben.

In Bern plante man sofort die alte Republik und ihre früheren Verhältnisse einzuführen. Bünden trachtete, den alten Freistaat der drei Bünde herzustellen, und gleiche Versuche zur ehevorigen Staatsordnung machten dann auch Solothurn und Freiburg. Anarchische Zustände allwärts. Auch St. Gallen trat für eine neue Verfassung in die Schranken. Anerkannte man, daß die Mediation manche schöne und große Werke geschaffen, gereichten bleibende Monumente der Gesetzgebung ihr zum Ruhme — mißfielen dem Volke doch die hohen Steuern und der Mangel demokratischer Formen; die steten Kriege mit enormen Opfern und Sorgen erschöpften dessen Geduld. Rheinthal und Sarganserland wollten von der bestehenden Regierung, als zu kostspielig, nichts mehr wissen und weigerten die Steuerzahlung. Ersteres mußte durch drei Compagnien Militär zur Ordnung zurückgeführt werden; das Sarganserland aber tendirte Anschluß an Graubünden. Die Gelüste nach alter ehemaliger Herrlichkeit, oder nach Einführung reiner Demokratie machten sich allmählig in allen Theilen des neugestallteten, aus so verschiedenen Gebietstheilen zusammengewürfelten Kantons St. Gallen geltend. Die Gemeinden der ehemaligen Landschaft Uznach tagten und rathschlagten für sich und beabsichtigten anfänglich einen Anschluß an Glarus. Raperswil wollte sich ebenfalls „eine bessere Lage" verschaffen, und ernannte zu diesem Zwecke eine zahlreiche Commission, mit allen Vollmachten ausgestattet. Eine Abordnung nach Zürich zu den eidgenössischen Räthen und fremden Gesandten übergab allda ein Memorial, in welchem verlangt wurde, daß die Stadt[1] Raperswil zum Bezirkshauptorte erhoben, ihr höhere Polizeibefugnisse, stärkere Repräsentation in dem Großen Rathe, Zölle, Umgelder u. s. w. gesichert werden. Die Stadt klagte, daß die Revolution ihre Selbstständigkeit gebrochen, die Mediationsakte selbe vollends zerstört habe, indem durch[2] letztere die Stadt zum einfachsten Dorfe herabgedrückt worden sei. Sie mache nun daher annähernd dieselbe Ansprüche, wie die Stadt St. Gallen.

Die Großen hatten inzwischen größere Aufgaben gelöst. Die verbündeten Heere besiegten den Kriegsriesen Napoleon, zogen in Paris ein und setzten den Bourbonen Louis XVIII. auf den französischen Thron. Auch Papst Pius VII., den der allgewaltige Corse, als jener auf die weltliche Herrschaft des Kirchenstaates nicht Verzicht leisten wollte, gefangen, 1809 nach Savona und 1812 nach Fontainebleau abführen ließ, und der in diesem seinem Unglücke sich die hohe Achtung, selbst seiner Gegner, erwarb,

---

[1] Protokoll vom 17. Febr. 1814.
[2] Gemeinderathsprotokoll vom 23. Febr. 1814.

und der dann später den Gliedern der gestürzten Familie des französischen Kaisers großmüthig eine Freistätte bot, — wurde seiner Gefangenschaft frei und, wie fast überall in katholischen Landen, dankte auch Raperswil Gott für dessen endliche Rückkehr nach Rom durch einen feierlichen Gottesdienst und Tedeum (Mai 1814).

Die Schweiz aber stand, wie ehedem, in sich zersplittert. Die vier Waldstädter-Kantone, und mit ihnen Bern, Freiburg, Solothurn und Zug, sandten ihre Abgeordneten zu einer Tagsatzung nach Luzern, die Uebrigen, sammt den neuen Kantonen, aber nach Zürich. Die einen wollten einen neuen Bund der 13 alten Kantone, die anderen verlangten die 19 Stände — eine Einigung war gar nicht zu erzielen, bis endlich, des Treibens müde, die Gesandten von Oesterreich und Rußland erklärten, daß man nur eine Tagsatzung der 19 Kantone anerkennen werde, und sofern dafür eine Einigung nicht zu erzielen sei, stünde die Vermittlung der Mächte bevor. Das brach den Widerstand der obgenannten acht alten Orte und am 6. April 1814 waren endlich Abgeordnete aller 19 Kantone an der Tagsatzung in Zürich versammelt.

Indessen waren im Kanton St. Gallen die Unordnungen, die Nichtbeachtung aller Regierungsbeschlüsse im Steigen. Weesen verlangte Anschluß an Glarus; das ehemalige Land Uznach (die Gemeinden Uznach, Eschenbach, St. Gallen-Kappel, Ernetschwil, Gommiswald, Schmerikon und Goldingen) verlangte kategorisch Entlassung aus dem Kanton St. Gallen, um sich anderwärts anschließen zu können. Seine Führer waren Bochsler von Uznach und Raymann von St. Gallen-Kappel. Diese Gemeinden sandten Abgeordnete zur Unterhandlung nach Schwyz, wo sie williges Gehör fanden, so daß bezüglich derer Einverleibung mit dem Kanton Schwyz eine Uebereinkunft wirklich abgeschlossen wurde. In gleichem Sinne verlangte das

Sarganserland vom Großen Rathe die Trennung vom Kanton, und Unterhandlungen mit Glarus wurden deshalb eingeleitet. Im Rheinthal hielt man Volksversammlungen, und die demokratische Bewegung nahm immer größere Dimensionen an. In Wyl wurden die regierungsräthlichen Proclamationen, welche beruhigen sollten, von den Thoren gerissen.

Die st. gallische Regierung, trost- und rathlos, wandte sich an die fremden Minister, von denen sie auch die Zusicherung ihres Schutzes und der ungetheilten Erhaltung des Kantons bekam, durch eine Note des Grafen Capo d'Istria und des Freiherrn von Lebzeltern, kaiserlich österreichische und russische Gesandte, welche auch zu derselben Erklärung von dem Königreich Preußen ermächtigt waren (30. Juni 1814). Dadurch ermuthigt, arbeitete in St. Gallen die für den Entwurf einer neuen Kantonsverfassung aufgestellte Commission unverdrossen fort. Begehren jeder Art flossen ihr zu von allen Landestheilen. Dieser Entwurf, vollendet, mußte dann den alliirten Diplomaten in Zürich zugestellt werden, welche daran beliebig änderten, meistens zum Nachtheile der Freiheit und der Volksrechte. Stund der Kanton früher unter dem Einflusse Frankreich's, regierten denselben jetzt seine Gegner. Die neue Verfassung wurde am 31. August 1814 durch eine Minderheit des Großen Rathes angenommen (denn die Mehrzahl war abwesend), und kam zu Stande unter dem Druck und den Dictaten Oesterreichs. Der Kanton St. Gallen, wie die übrigen Kantone, ertrugen geduldig das Joch der alliirten Mächte, und deren Regierungen waren nun um so herrischer gegen das Volk.

Indessen waren die Gelüste zur Trennung im Kantone keineswegs verstummt. Im Sarganserland setzte man alle Versuche fort, obgleich auf den Hauptführer Gallati von Sargans obrigkeitlich gefahndet wurde, so daß er flüchten mußte. In Uznach war die Trennung faktisch eingeführt, Gemeindeausschüsse regierten allda als Landes-Commission, nachdem Schwyz Schutz zugesichert. Umsonst suchte die Tagsatzung wegen Gebietsansprüchen zwischen St. Gallen, Glarus und Schwyz eine Verständigung, und eben so wenig richteten st. gallische Commissarien in den aufständischen Landestheilen etwas aus.

Wie im Kanton, war die Zersplitterung in der Eidgenossenschaft Bedenken erregend. Die Verhandlungen der sogenannten „eidgenössischen Versammlung" konnten vom 27. Dezember 1813 bis 11. Februar 1814 eine Einigung über die Grundlinien eines neuen eidgenössischen Bundes nicht erzielen, und die schweizerische Eidgenossenschaft schien abermals sich gänzlich auflösen zu wollen, trotz dem Da-[1] zwischentreten der damals gewichtigsten und einflußreichsten Eidgenossen — bis endlich, 13. August 1814, Oesterreich, Rußland und England drohend zur Einigung mahnten, worauf der neue Bund am 8./9. September von der Tagsatzung angenommen wurde — indeß die Gebietsansprüche von Glarus, Schwyz, Uri und Unterwalden (wegen den ehevorigen Landvogteien Rheinthal und Sargans) sammt Appenzell J.-Rh. (welches das Rheinthal beanspruchte) unerledigt blieben, gewiesen an eidgen. Vermittlung.

Die neue st. gallische Kantonsverfassung, welche an Stelle der von 1803 getreten, erweiterte sich von 24 auf 44 Artikel, durchweht von aristokratischem Geiste, allen Volksrechten abhold. Die Eintheilung des Kantons in acht Bezirke und 44 Kreise wurde unverändert beibehalten, die freie Niederlassung der Schweizerbürger, wie anderorts auch, fallen gelassen, indem fortan die Gemeinderäthe eine solche bewilligten, oder verneinten, je nach ihrem Gefallen, und letzteres geschah häufig, denn man fürchtete konfessionelle

---

[1] Usteri von Zürich, Wieland von Basel und Andere.

Mischungen, und die Handwerker ängstigte die Concurrenz. Für die Ausübung politischer Rechte mußte man 21 Jahre zählen und Fr. 200 steuerbares Vermögen besitzen, nur für „Verwaltungsgemeinden" fiel letzteres weg. Jede politische Gemeinde erhielt einen Gemeinderath von 5—13 Mitgliedern, an deren Spitze einen Ammann mit sechsjähriger Amtsdauer und Austritt von einem Dritttheil, je von 2 zu 2 Jahren. Zur Wählbarkeit war das 25. Altersjahr [1] und ein Vermögen von Fr. 500 erforderlich. Ortsgemeinden erhielten eigene Verwaltungsräthe von 3—9 Mitgliedern, den Präsidenten inbegriffen, gewählt durch die „Generalversammlung der Antheilhaber", mit gleicher Amtsdauer. Die Stadt St. Gallen empfing vielerlei administrative, richterliche und polizeiliche Vorrechte. Anderen Städten wurden solche (im Art. 17) in Aussicht gestellt, und damit hatte auch Raperswil mit all seinen Ansprüchen sich einstweilen zu vertrösten, und doch hatte die Stadt ihre Sonderverhältnisse so gut, wie die Hauptstadt des Kantons. Die Kreisbehörden blieben wie ehevor (der Kreisrichter mußte 30 Jahre zählen und Fr. 800 besitzen), nur wurde der Friedensrichter in einen „Kreisammann" umgewandelt, wie die Vollziehungsbeamten der acht Bezirke in „Statthalter", von der Regierung ernannt. Diese hatten den Voruntersuch in Criminalfällen und die Oberaufsicht über die Gemeindsverwaltungen und Polizeibehörden. Die Zahl der Großen Räthe blieb die gleiche. Für dieselben war die Anzahl von Katholiken und Reformirten genau vorgeschrieben, wie überhaupt die Paritätsverhältnisse in allen Behörden gewahrt wurden (Titel V). Die Großen Räthe wurden in drei Reihenfolgen gewählt. Die Kreise bekamen 51 direkte Wahlen, die Bezirkswahlkorps 49 und die weitern 50 Wahlen traf der Große Rath aus einem dreifachen Vorschlage eines

---

[1] Organisationsgesetz vom Mai 1816.

Kantonalwahlkorps, welches aus dem Kleinen Rathe, dem Appellationsgerichte und den acht Statthaltern zusammengesetzt war. Für die Großrathswahlen, durch die Kreise, war ein Alter von 30 Jahren, aber kein Vermögensausweis, erforderlich; für jene 49, ernannt durch die Bezirkswahlkorps, ein Alter von 30 Jahren und Fr. 4000 Vermögen. Für die 50 letzter Reihe war kein Alter vorgeschrieben, wohl aber ein Besitz von ebenfalls Fr. 4000. Die Amtsdauer für die Großen wie Kleinen Räthe war neun Jahre, mit Austritt von einem Drittheil, je alle 3 Jahre; eine Wahlart, welche unstreitige und wesentliche Vorzüge vor den frühern hatte.

An der Spitze der obersten Behörde waren jetzt zwei Landammänner auf zwei Jahre gewählt, die von Jahr zu Jahr wechselten, und welche Kleinen und Großen Rath präsidirten. Der Kleine Rath bestund aus mindestens neun Mitgliedern, gezogen aus dem Großen Rathe. Jedes Mitglied mußte Fr. 6000 besitzen, ebenso die Appellationsrichter. Der Kleine Rath entschied fortan letztinstanzlich alle „streitigen Administrativfälle". Appellations= und Bezirksgerichte blieben sich gleich; Austritt je alle drei Jahre ein Drittheil. Bezirksrichter mußten ein Vermögen von Fr. 2000 nachweisen. Den Präsidenten des Appellationsgerichtes wählte der Große Rath; jene der Bezirksgerichte, wie diese selbst, der Kleine Rath.

Eine wesentliche Aenderung war der 2. Artikel, der jeder Religionsparthie die besondere Besorgung ihrer religiösen, matrimoniellen, kirchlichen und klösterlichen Verwaltungs= und Erziehungsangelegenheiten zueignete. Es war eine theilweise Trennung des Kantons nach Confessionen.

Trotz des neuen Grundgesetzes bestund nun aber der alte st. gallische Große Rath faktisch fort. Denn wie wir nun erörtern werden, war derselbe am 18. September 1814 nur zu einem Dritttheile (50 Mitglieder) zu erneuern. Weitere 50 Wahlen folgten erst später, der letzte Dritttheil aber wurde erst im Herbste 1815 gewählt, so daß der Große Rath erst dann verfassungsgemäß erstellt war.

Wie gesagt, sollten nun die theilweisen Wahlen in den Großen Rath am 18. September 1814 vorgenommen werden. Allein die Unzufriedenheit über das neue, von fremder Hand aufgedrungene Machwerk loderte neu auf. Im Rheinthal und Sargans weigerte man sich, die Wahlen zu treffen, ebenso in der alten Landschaft. Die Unbotmäßigkeit trat allerorts zu Tage, denn man fand, es seien selbst die frühern Zustände vor der französischen Revolution den jetzigen politischen Verhältnissen vorzuziehen. Der Ruf nach demokratischen Institutionen und einer wohlfeilen Regierung ertönte in allen Landgemeinden.

Im Bezirke Uznach beschlossen die sieben Gemeinden der ehemaligen Herrschaft Uznach, als: Uznach, Schmerikon, St. Gallen-Kappel, Gommiswald, Ernetschwil, Goldingen und Eschenbach, in der bisherigen Sonderstellung zu verbleiben, indem man sich zu Schwyz gehörig betrachte. Umsonst mahnte die Regierung, versprach Amnestie, wenn man Gehorsam leiste, die rückständigen Steuern zahle, — und drohte gegentheils mit Strafeinleitung. All das fruchtete nicht, denn Schwyz sammelte Geld und Waffen zu einem ernsten Widerstand zu Gunsten der Landschaft Uznach; erhielt dazu 100 Luisd'ors von Genf[1] her, und Luzern gab 100 Gewehre aus dem Zeughaus. Schmid von Lachen verwendete sich besonders zu Gunsten Uznach's, und Schwyz that alles, damit die besagten Gemeinden die Wahlen nicht vornahmen, und erklärte, „daß der Einmarsch von Truppen ab Seite des Kantons St. Gallen als eine gegen den Kanton Schwyz gerichtete Maßnahme betrachtet würde".

---

[1] J. Baumgartner, Geschichte des Kantons St. Gallen.

Rapperswil, sehr unzufrieden, daß der Stadt nicht mehr Rücksichten getragen worden, klagte beim österreichischen Minister in Zürich, aber ohne Erfolg.

Minne und Gewalt, welche die Regierung versuchte, um Gehorsam zu erzielen, halfen nirgends, und es kam so weit, daß Ende September selbe, einen Ueberfall der Rheinthaler fürchtend, nirgends vom Volke geachtet noch geschützt, die Flucht ergriff. Sie suchte Schutz bei der Tagsatzung, welche, nachdem Rußland und Großbrittanien ernstlich darauf gedrungen, endlich erklärte, „es müsse die neue Verfassung in allen Bezirken, ohne Ausnahme, eingeführt werden", [1] ohne damit der allfällig zu verändernden Kantonseintheilung vorzugreifen. Eidgenössische Truppen mußten der Sache Nachdruck verleihen. Als diese sich dem Rheinthale näherten, fügte es sich den Mahnungen der eidgenössischen Repräsentanten. In der alten Landschaft aber mehrten sich mit dem Einmarsche schweizerischer Soldaten auch die Unzufriedenen; man weigerte sich überall, sie einzuquartiren; dagegen hörte man dann endlich auf die eidgenössischen Abgeordneten, fügte sich ebenfalls, nahm die Wahlen vor, und die Truppen zogen in Bälde wieder in ihre Kantone zurück. Schlimmer ging es im Sarganserland, wo man nicht nur die Trennung beabsichtigte, sondern auch, wie fast überall, von einer Verfassung nichts wissen wollte, welche aller Volksrechte baar ging, und nur die aristokratischen Gelüste befriedigte. Das Land wurde von den eidgen. Truppen besetzt, und damit am 2. und 7. November die Wahlen erzwungen.

Nicht minder erfolglos blieben die Anstrengungen der st. gallischen Regierung in Uznach, welches in seinem Widerstande beharrte, und für das Schwyz fortwährend in die Schranken trat, bereit, der Gewalt — Gewalt entgegen-

---

[1] Proklamation der eidg. Repräsentanten vom 27. Sept. 1814.

zusetzen, wenn man die neue Verfassung hier mit Executions=
mitteln einführen wolle. Die Tagsatzung trat für Schwyz
ins Mittel, versuchte aber umsonst eine Verständigung
zwischen beiden Kantonen durch eidgen. Schiedsrichter; und
Schwyz rief im Januar 1815 den Schutz der alten Kan=
tone an, und verordnete allgemeine Bewaffnung aller Be=
zirke. In dieser Zersplitterung beschloß die Tagsatzung am
7. Januar 1815, gedrängt durch den österreichischen Ge=
sandten, „daß, unbeschadet den Ansprüchen des Kantons
Schwyz, die neue st. gallische Verfassung doch eingeführt und die
Wahlen im Lande Uznach vorgenommen werden müssen". Die
eidgenössischen Repräsentanten erscheinen nun auch hier, mah=
nen, belehren, drohen — und, um militärischer Execution
mit all ihrer Herbe auszuweichen, und weitere Leiden ab=
zuwehren, nehmen auch die sieben Gemeinden des alten
Landes Uznach endlich die Wahlen vor.

An all diesen Bewegungen nahm die Stadt Raperswil
keinen Antheil, war gegentheils dem Treiben abhold und
stellte den eidgen. Abgeordneten in Uznach für den Nothfall [1]
100 zuverlässige Männer zur Verfügung.

Damit war überall der Aufruhr gedämmt, die Un=
zufriedenheit aber geblieben.

Unterdessen tagte der Congreß in Wien. St. Gallen
wußte seinen Ansprachen bei den Alliirten durch den ein=
flußreichen Laharpe Nachdruck zu verschaffen, und stützte
sich hauptsächlich auf den Kaiser von Rußland als Beschützer.
— Schwyz glaubte, ohne jede Vertretung in Wien Sieger
zu bleiben. Die Rechnung war falsch, und schon am
5. Dezember 1814 berichtete der ehemalige helvetische Mi=
nister des Innern, Dr. Rengger, es dürfe die unveränderte
Beibehaltung des st. gallischen Kantonsgebietes als aus=
gemacht angenommen werden. Schwyz gab endlich seinen

---
[1] Protokoll des Gemeinderathes.

Widerstand auf, unter Wahrung der Rechte (5. März 1815); der st. gallische Große Rath hatte sich konstituirt (22. Febr.) und seine Regierung gewählt, darin nunmehr auch der bisherige Appellationsgerichtspräsident Büler von Rapers=wil sich befand, aber schon 1816 mit Tod abging.

Inzwischen war Napoleon von der Insel Elba, seiner Verbannungsstätte, wieder nach Frankreich zurückgekehrt, was die Verhandlungen, wie die Einigkeit der Congreß=mächte, (Osterreich, Rußland, Großbritannien, Frankreich, Spanien, Preußen, Portugal und Schweden) beschleunigte. Der Bestand der 19 Kantone (darunter der Kanton St. Gallen, ohne Gebietsveränderung) wurde anerkannt, und denselben drei weitere Kantone, als: Wallis, Neuenburg und Genf, einverleibt, so daß diese 22 Kantone fortan die Eidgenossenschaft bildeten. Die Entschädigungen der einen Kantone an die andern wurden festgestellt. Alles laut Urkunde vom 20. März 1815. Eine Neutralitätserklärung gab der Congreß nicht, betonte gegentheils für kommende Ereignisse den Anschluß der Schweiz an die Alliirten. Der Krieg zwischen Frankreich und den verbündeten Mächten begann aufs neue, und durch Vertrag dieser mit der Schweiz (20. Mai 1815) verpflichtete sich letztere, zur Vertheidigung ihrer Grenzen eine genügende Streitmacht in Bereitschaft zu halten, und gestattete den fremden Mächten Truppen=durchmärsche, sofern selbe in gemeinsamem Interesse ge=legen wären. Die Tagsatzung rief hierauf die vier Re=gimenter im Dienste Ludwig des XVIII. zur Vertheidigung des eigenen Landes zurück, und rüstete sich zur Wehr mit 40,669 Mann und 2871 Pferden.

---

[1] In der Regierung des Kantors war später, von 1833 bis jetzt, Rapereswil successive durch mehrere Gemeindebürger vertreten als Professor Felix Helbling, Advokat Ferd. Curti, Ant. Höfliger, Dr. med. Ferd. Curti, die auch Landammannsstelle inne hatten.

Balb barauf zogen 120,000 Oesterreicher burch Schaff=
hausen über die Rheinbrücken bei Basel und Rheinfelden
nach Frankreich; ebenso ein weiteres Heer durch Wallis
und Savoyen. Die Schweizertruppen, in einer Linie auf=
gestellt von Genf bis Basel, wurden vielorts von den Fran=
zosen angegriffen, Basel von der Festung Hüningen aus
beschossen. Die Tagsatzung, welche die eidgen. Truppen
immer nur zum Schutze der Landesgrenzen verwendet wissen
wollte, gestattete jetzt dem General Bachmann, welcher die
Nichtbeachtung der Neutralität ab Seiten der Eidgenossen=
schaft hauptsächlich befürwortete, die eidgenössische Armee
nöthigenfalls, d. h. nur wenn es zur Sicherung schweizerischer
Ortschaften und Landesgegenden durchaus erforderlich wäre,
auch auf französischen Boden zu führen (3. Juli 1815),
wogegen der Stand St. Gallen unter Andern erklärte, „nie zuzu=
geben, daß Schweizertruppen über die Grenzen geführt
würden". General Bachmann aber ließ nun, laut Armeebefehl
vom 5. Juli, einen Theil der eidgenössischen Armee aus der
Schweiz abziehen und auf französischen Boden marschiren,
ohne der Kriegsthaten sich deshalb rühmen zu können.
Schweizer und Oesterreicher, unter dem Oberbefehl Erz=
herzogs Johann von Oesterreich, belagerten Hüningen und
brachten die Festung zur Capitulation.

An diesem Feldzuge nahmen 2700 Mann St. Galler
Theil, von denen die Bataillone Danielis und Rickenmann,
sowie die Scharfschützen=Compagnie Scherer, den Uebertritt
nach Frankreich anfangs verweigerten. Sie gehörten zur Brigade
Schmiel. Am 31. August wurde das Bundesheer auf 12[1]
Bataillone vermindert und anfangs November ganz ent=

---

[1] Die st. gallischen Truppen zogen schon am 29. März 1815
an die Grenzen, um gegen mögliche Angriffe Frankreichs gerüstet
zu sein, da sonst eine allfällige Besetzung der Schweiz durch die
Alliirten zu besorgen war. Noch am 1. Juli 1815 erklärte die
Tagsatzung, daß sie einen Einmarsch in Frankreich nicht gestatte

laſſen, mit Ausnahme der vier aus den ehemaligen franzöſiſchen Regimentern gebildeten Bataillone.

___

und beim Defenſivſyſtem verbleibe (Abſchied von 1815). Zu dieſem Feldzuge ſandte St. Gallen 5 Bataillone Infanterie ſammt Spezialwaffen. Darunter war das Bataillon Rickenmann mit 5 Kompagnien, zuſammengeſetzt aus Mannſchaft der Bezirke Uznach und Obertoggenburg. Nachdem Napoleon bei Waterloo geſchlagen, ließ General Bachmann die Truppen der Eidgenoſſen theilweiſe nach Frankreich marſchiren. Dazu beorderte er auch die Brigade Schmiel, der die ſt. galliſchen Bataillone Danielis und Rickenmann, ſowie die Scharfſchützenkompagnie Scherer zugetheilt waren, worauf Oberſt von Schmiel folgenden Tagesbefehl an ſeine Bataillone erließ (8. Juli 1815):

„Der Brigade-Commandant hat Ordre erhalten, heute den franzöſiſchen Boden zu betreten, um die eidgenöſſiſchen Truppen in beſſere Quartiere zu verlegen. Er wird dieſen Befehl für **ſeine Perſon** vollziehen und fordert alle Jene auf, welche Zutrauen zu ihm haben, ihm zu folgen, **er will nur Freiwillige**. Die Behörden in Frankreich erwarten uns und die beſte Aufnahme iſt gewiß."

Dieſes rathloſe, unbeſtimmt ſchwankende Miſſive gab dann natürlicherweiſe zu den tumultuariſchen Auftritten Anlaß, welche bei ſechs Bataillonen von ſieben, dieſer Brigade zugetheilten, erfolgten; hatten die Truppen ohnehin die Ueberzeugung, daß ſie nur zur Vertheidigung der Grenzen aufgeboten ſeien, wie auch die Proklamation der Tagſatzung ſeiner Zeit lautete. Schmiel, der mit der ganzen Brigade hätte nach Frankreich aufbrechen ſollen, marſchirte nur mit einem zürcheriſchen Bataillon, das gerade an der Grenze ſtationirt war, dahin, und erließ an die übrigen obigen Tagesbefehl. Als dieſer den Truppen am 8. Juli in ihren Quartieren verleſen wurde, erklärten ſie, da es ihnen freigeſtellt ſei, bleiben ſie auf Schweizerboden, wobei es dann freilich auch zu Meutereien kam; ſo nahm die Grenadier-Compagnie des bündneriſchen Bataillons v. Teggenburg mit der Fahne den Reißaus und konnte kaum wieder eingebracht werden; das Aargauer Bataillon Siegfried löste ſich faſt vollſtändig auf. Zweifelsohne hatten die ſchlechte Verpflegung, Folge ſchlechter Ordnung des Commiſſariats und die ſtete ſchlimme Witterung, die Unzufriedenheit genährt. Das ſt. gall. Bataillon Rickenmann befand ſich am 8. Juli in Peu Claude im

Während dieser Ereignisse genehmigten die Gesandten der 22 Kantone den neuen Bundesvertrag am 7. August

St. Immerthale. Als demselben obiges Schreiben des Brigadechefs vorgelesen wurde, brachen die Truppen in Unwillen aus und lärmten mit dem Rufe, daß sie nicht nach Frankreich marschiren, sondern Versetzung in die innere Schweiz verlangen. Indessen wurde Weiteres verhütet, die Subordination erhalten und das Bataillon marschirte gleichen Tages nach weiter erhaltener bestimmt lautender Ordre des Brigade-Obersten nach Breulet und am 15. bei Hauterive über die Grenze.

Die Folge hievon war die Auflösung der Brigade Schmiel und seine Abberufung. Allein, wie es häufig geschieht, mußten jetzt die Kleinen der Großen Sünden büßen. Schmiel ließ man ungeschoren, dagegen stellte man die Bataillons-Commandanten vor Kriegsgericht, sowie auch Viele an der Meuterei betheiligte Soldaten. Im Kanton St. Gallen wurden 40 Mann verurtheilt, worunter jedoch die meisten wegen Desertion n a ch dem Einmarsch in's Fränkische. Die ausgefällten Gefängnißstrafen wurden aber von der Regierung in Eingrenzung umwandelt und so durch Milde die Gemüther versöhnt. Die betreffenden Bataillone durften zur Strafe vom 19. Juli bis 7. Aug ist keine Fahne auf dem Marsche deploiren und wurden auf halben Sold gesetzt.

Dem alten General Bachmann bezeugte die Tagsatzung nachher ihre Unzufriedenheit über den durchaus ungerechtfertigten Einmarsch in Frankreich, weshalb derselbe dann seine Entlassung begehrte und erhielt. Ihm folgte im Ober-Commando Quartiermeister Finsler. Die st. gallischen Truppen kamen zurück am 25. September 1815, nach fast halbjähriger Dienstzeit. Die Bataillons - Commandanten wurden dann vom eidgen. Ober-Kriegsgericht bestraft, mit Ausnahme des Oberstlieutenant Pozzi, welchen der Kanton Tessin nicht stellte. Die Meistbestraften, wie Toggenburg von Bünden, Siegfried von Aargau, welche Kerkerstrafen erhielten und des eidgen. Militärdienstes unfähig erklärt wurden, erhielten Milderung durch verlangte Revision der Prozedur oder wurden durch diese freigesprochen, wie Näf von Herisau und Danielis von Rorschach. Rickenmann ließ es beim Spruch des Ober-Kriegsgerichtes vom 10. Febr. 1816 verbleiben, wornach er zu zwei Jahren Eingrenzung in seine Gemeinde verurtheilt wurde. Die st. gallische Regierung hob dann dieses Urtheil schon am 10. Dezember 1816 auf.

(Siehe X. Heft des historischen Vereins des Kantons Glarus.)

1815, sowie die Congreßerklärung vom 20. März 1815, bezüglich unveränderter Gebietseintheilung des Kantons St. Gallen, und Entschädigungen von dessen Seite an die demokratischen Kantone Glarus, Appenzell J.-Rh. und Nidwalden, womit die Ansprachen von Schwyz auf Uznach abgewiesen waren. Diese Entschädigungen für verlorene Gerechtsame an die alten Kantone betrugen 130,687 Fr. 84 Rp., genannt „Congreßgelder". Mit der zweiten Besetzung von Paris durch die Alliirten und dem zweiten Pariser Frieden wurden der Schweiz die Neutralität und drei Millionen Franken von der franz. Kriegskontribution zugesichert (20. Dezember 1815).

Der Krieg hatte wieder große finanzielle Lasten zur Folge. Das Nöthigste nur zu decken, erhob der Große Rath eine Vermögenssteuer von 3 per Mille und eine Kriegssteuer zu 7 von Tausend. Elend, Verarmung, Sittenlosigkeit und Nichtachtung der Behörden erzeugte der Krieg allwärts. In dieser Noth kehrte man sich wieder dahin, wo allein Hilfe zu erwarten, wenn alle menschlichen Anstrengungen fruchtlos bleiben. Man hielt besonders Andachtsübungen,[1] und Raperswil führte die Monatsprozessionen nach Jona, wie den Bittgang nach Einsiedeln wieder ein.[2]

Obgleich der Wiener Congreß, bezüglich der Aufstände von 1814, allgemeine Amnestie ertheilt hatte, verfolgte jetzt die st. gallische Regierung gemeinsam mit eidgen. Repräsentanten die Urheber und Theilnehmer jener Vorgänge strafrechtlich, um auf selbe wenigstens die Kosten zu ver-

---

[1] Protokoll des Gemeinderathes Raperswil 1815.

[2] Diese Prozession wurde dann 1838 wieder abgeschafft. Dagegen wurden je am Feste Mariä Heimsuchung in der Pfarrkirche Raperswil ein Hochamt sammt Predigt abgehalten und fl. 10 unter die Armen vertheilt. Da damit viele Einwohner unzufrieden waren, führte der anno 1841 gewählte Kirchenverwaltungsrath die Einsiedlerpilgerfahrt wieder ein. Prot. Rap.

legen, indeß die Eidgenossenschaft von den Auslagen für das Aufgebot Fr. 54,000 nachgelassen. Im Oktober und November 1815 war eine Spezial-Commission überall thätig, die Schuldigen auszumitteln, woraus sich für das Land Uznach ergab, daß die Trennungsgelüste vorerst in Glarus angeregt worden, und daß die Führer der Landschaft Uznach dem Landammann Weber in Schwyz eine silberne Cafétière, Suter im Muotathale einen Degen (im Werthe von 20 Luisd'ors, welche Raimann und Landeshauptmann Suter in St. Gallen-Kappel bezahlten), und dem General Aufder Maur eine beträchtliche Baarsumme zum Geschenk gemacht, um selbe günstig zu stimmen.

Ein Ausnahmsgericht, vom Großen Rathe aufgestellt, und bestehend aus den Präsidenten der acht Bezirksgerichte und dem Präsidenten des Appelationsgerichtes „aller gerichtlichen Formen" entbunden, vertheilte die erlaufenen Kosten von fl. 68,188 auf die schuldig Befundenen, da man von Amnestie nichts wissen wollte. Uznach hatte hieran fl. 7750.59 kr. zu bezahlen, laut Spruch vom 24. Oktober 1816, und es betraf diese Strafe 46 Bürger, darunter den meistbetroffenen, Raimann von St. Gallen-Kappel mit fl. 832, und doch hatte das Land Uznach nur gewollt, was anfänglich die Tagsatzung selbst auch beschlossen, den status quo, statt Einführung der neuen Verfassung, und die wesentlichste Schuld trug Schwyz. Im ganzen Kanton betraf der Spruch 388 Bürger, womit nur neuer Haß gegen Verfassung und Behörden gepflanzt wurde.

Alle diese Ereignisse verzögerten die Einführung der Verfassung auf lange hin, so daß die aus den Neuwahlen des Kantons hervorgegangenen Beamten und Verwaltungen der Gemeinden, Kreise und Bezirke erst mit 1. August 1816 in Wirksamkeit traten. Die Stadt Rapperswil, an alle Verhältnisse und Schicksale des Kantons gebunden, von denen es stets die Rückwirkungen zu theilen hatte, wählte im Mai

1816 einen Gemeinderath von 9 Mitgliedern, und nannte ihn — wie in St. Gallen — Stadtrath, dessen Ammann Stadtammann. Im Juli 1816 wurde dann ferner noch ein Verwaltungsrath von 7 Mitgliedern ernannt. Die Stadt hatte nicht nur bis 1798, sondern bis 1816 nur e i n e Gemeindeverwaltung, welche alle Ausgaben für die Gemeinde, Kirche, Schule, für Polizei= und Armenwesen, theils aus den vorhandenen Stiftungen, theils aus dem allgemeinen Gemeindegut bestritt. Bestunden auch eine Menge verschiedener Aemter (Pflegschaften), welche gewisse Auslagen zu decken hatten, so waren selbe doch nicht dermaßen ausgestattet, daß ihre Einkünfte alles ausgleichen konnten, daher das Gemeindegut (die bürgerlichen Fonds) überall nachhelfen, und die Ausfälle ebnen mußte, um so mehr, als im Laufe der Zeit die Bedürfnisse der einzelnen Institutionen sich mehrten, während der Geldwerth sich minderte. Gleichwohl dachte damals niemand an eine Ausscheidung der verschiedenen Zweige des Gemeindehaushaltes, bestund ja die kleine Einwohnerschaft fast ausschließlich aus Ortsbürgern (Antheilhabern am Gemeindegut), indeß die wenigen Niedergelassenen weder stimm= noch wahlfähig waren. Die Verfassung von 1814 hatte dieses Verhältniß nun in so weit geändert, daß statt einer — zwei Gemeindeverwaltungen aufgestellt wurden, deren Befugnisse aber nicht klar ausgeschieden waren. Zwar hatte man von Oben der Stadt eine eigene Organisation in Aussicht gestellt, aber nicht verwirklicht. Man half sich daher selbst, und organisirte sich nach bisheriger Uebung, denn eingewurzelte Gewohnheiten gibt man nicht leicht preis. Die beiden Behörden schlossen am 3. Januar 1817 ein Concordat ab, wonach künftig ein Collaturrath aus beiden Räthen zusammengesetzt wurde. Hienach verfügte der Verwaltungsrath

---

[1] Gemeinde= und Verwaltungsraths=Protokoll.

mit einem Zuschuß von sechs katholischen Mitgliedern aus dem Stadtrath über die Collaturen, die Lehrstellen und vergab die Stipendien. Die politisch-bürgerlichen Dienste und Stellen aber besetzte der Stadtrath mit einem Zuschuß von vier Mitgliedern des Verwaltungsrathes. Alle anderen ökonomischen und vermischten Aemter und Dienste verliehen beide Behörden gemeinsam. Der Genossen=(Antheilhaber=) Gemeinde blieben ausschließlich die Wahlen des Rentamtes (Gemeinde=Cassier), der Spital=, Korn= und Kelleramts= verwalter, des Bauamtpersonals, der Kirchen=, Pfrund= und Genossenpfleger. Der Gemeinderath besorgte die polizei= lichen, der Verwaltungsrath die ökonomischen Angelegen= heiten. Schreiber und Weibel dienten beiden Behörden gleich zu, ebenso die Protocolle.

So war im Grunde im Gemeindewesen wenig ge= ändert, um so weniger, als die maßgebenden Beamteten in beiden Behörden saßen. Erst als die Niedergelassenen, wie auch die politischen Ausgaben, sich mehrten, und nur die Cassa der Ortsbürger allein zu zahlen hatte (fallen ja die unbedeutenden Abgaben der Niedergelassenen in keinen Betracht), traten in Folge der Aufstellung zweier Räthe immer mehr Conflikte und Verwirrungen in den öffent= lichen Haushalt, brachten selbst Unzufriedenheit und Miß= stimmung in die Gemeinde, welche nicht selten in offene Streitigkeiten ausbrachen. Das waren die wesentlichen Veränderungen, welche die Verfassung von 1814 in das Gemeinwesen Raperswils gebracht, so wenig eine erfreuliche Errungenschaft, als die Aufhebung der freien Niederlassung und (durch das Gesetz von 1824) jener freisinnigen Be= stimmungen der Mediationszeit, wonach jeder in Ehren und und Rechten stehende Schweizerbürger gegen eine bestimmte Taxe sich überall als Ortsbürger einkaufen konnte. Indeß dadurch früherhin das Bürgerthum ein Ferment erhielt, welches vor Stagnation bewahrte, schützte man jetzt längst

abgelebte Plagereien im Verkehr. So durfte bis 1832
¹ Niemand Waaren von Kempraten nach Zürich führen, außer
die vom Rathe belehnten und beeidigten Schiffleute.

Zu der Zeit gestalteten sich auch im Kirchlichen wesentliche Veränderungen. In Folge der großen Staatsum-
wälzungen, und der Auflösung des deutschen Reiches, trenn-
ten sich die schweizerischen Bisthumsantheile, nach 1200-
jährigem Bestande, vom Bisthum Konstanz los, was durch
Breve vom 2. November 1814 vom Papste genehmigt
wurde. Von dem Dotationsfonde der ehemaligen Kon-
stanzer Bisthumskantone von fl. 300,000 erhielt der kath.
Theil St. Gallens fl. 60,594.12 kr.

Tagsatzungen, wie der Kanton St. Gallen, beschäftig-
ten sich vielfach wie fruchtlos mit Errichtung eines schweiz.
Nationalbisthums, sowie einzelner Kantonsbisthümer, und
mit dem Kloster St. Gallen, dessen Aufhebung der st. gall.
Staat, die Wiedereinsetzung aber der Fürstabt beharrlich
befürworteten, bis endlich eine päpstliche Bulle vom 2. Juli
1823 die ausdrückliche Aufhebung der Abtei St. Gallen
mit all ihren Rechten erklärte, und damit dieser 20jährige
Haber seinen Abschluß fand, was dem unermüdlichen
Kämpfer für Erhaltung des Stiftes, dem Fürstabten Pan-
kratius, schwer zu Herzen ging, daher er sich lebensmüde
in's Kloster Muri zurückzog. Mit jenem päpstlichen Erlasse
wurden zugleich die st. gallischen Landestheile des Bisthums
Chur von diesem getrennt, und mit den ehemals konstanzi-
schen Gebieten im gleichen Kanton zu einem „Bisthum
² St. Gallen" vereinigt, dieses selbst aber unter das Haupt
des Churer Bisthums gestellt. Der Papst suchte damit

---

¹ Gemeinds- und Verwaltungsraths-Protokoll.
² J. Baumgartner „Geschichte des Kantons St. Gallen" —
und „die Schweiz in ihren Kämpfen und Umgestaltungen von 1830
bis 1850".

letzteres einigermaßen zu entschädigen für die durch die politischen und kriegerischen Ereignisse in Deutschland erlittenen Verluste. St. Gallen war damit einverstanden, und das neue Doppelbisthum führte nunmehr den Namen „Chur und St. Gallen", und Bischof Carl Rudolf, Graf von Buol-Schauenstein, verwaltete fortan die Diözese mit Eifer und Würde. Allein bald machte sich über diesen Anschluß eine gegentheilige Meinung geltend; die Unzufriedenheit wurde immer größer, es häuften sich Streitigkeiten zwischen Bischof und Behörden. Aber alle Bestrebungen St. Gallens zur Lostrennung von Chur und zur Errichtung eines eigenen Bisthums blieben Jahre und Jahre fruchtlos.

Der Kanton genoß nun übrigens eine Zeit der Ruhe, die staatlichen und finanziellen Verhältnisse wurden gepflegt und ausgebildet, Verbesserungen in Gesetzen, Straßen, Flußkorrektionen 2c. fanden statt.

In Raperswil dachte man seit langem an einen Neubau der Brücke nach Hurden, als dem einzigen Verbindungsmittel mit dem jenseitigen Ufer, mit den Kantonen Schwyz und Zürich, und die nun schon fast fünf und ein halbes Jahrhundert den Verkehr vermittelte. Ihr Zustand war so, daß man schon 1814 zum Transport von Fuhrwerken Pferden und Vieh ein eigenes Schiff herrichtete, indeß Fußgänger mit der baulosen Brücke sich behalfen, weshalb die Tagsatzung, bis zum Wiederbau, im Jahre 1817 den Zoll auf die Hälfte heruntersetzte. Im Jahre 1818 dann, nachdem der erhöhte Zoll wieder bewilligt worden, begann man den Neubau des Werkes, welches einst Erzherzog Rudolf von Oesterreich erstellte, und derselbe kam 1820 durch den Baumeister Casp. Stadler von Zürich zur Vollendung. Der Bau kostete fl. 45,298.55 kr. Stadler, als Erbauer der Brücke, welche jetzt den Anforderungen der Zeit entsprach und eine Länge von 7450 Fuß hatte, erhielt zur Erkenntlichkeit die Berechtigung, selbe lebenslänglich zollfrei zu begehen.

Das waren schwere Lasten, um so drückender, als im Jahre 1816, und auch noch 1817, durch Mißwachs, und in Folge der vielen Kriege, eine allgemeine Theurung aller Lebensmittel erfolgte, welche den Hablichen schwer fiel, die Armen erdrückte. Die Lebensmittelpreise erreichten eine nie erlebte Höhe. Arme drängten sich zu den Schlachthäusern, um heißhungrig das Blut geschlachteter Thiere zu verschlingen; die Abfälle der Erdäpfel wurden von ihnen ab den Düngerhaufen zusammengelesen. Ein Brod von 4 Pfund galt in Raperswil fl. 1. 30 ß. G. V., das Viertel Kartoffeln fl. 3 G. V. (dagegen in guten Jahren nur 10 kr.); der Zentner Reis fl. 32 Z. V. Im Kanton St. Gallen wie auch im Kanton Appenzell starben viele Menschen elendiglich Hungers. Da Noth beten lehrt, pflegte man frühere Andachtsübungen mit mehr Eifer, hielt gemeinsame Bittgänge mit der Gemeinde Jona und suchte Trost im Unglück ob den Sternen. Der Rath Raperswil's ließ Waizen aus Egypten kommen und theilte an die Armen wöchentlich Brod, Mehl und Reis aus und machte zur Linderung der Noth, weil aller Verdienst und alle Einnahmsquellen aufgehört und versiegt, ein Anleihen von fl. 10,000. Ebenso wurden dann 1818 den Dürftigern Erdäpfel zum Anpflanzen unentgeltlich abgegeben, Allen aber um mäßige Preise Bohnen, Gerste, Hafer, da die Samen sehr theuer und um Geld kaum zu erhalten waren. So wurde das größte Uebel gemildert, der Armenfond aber geschwächt.

Raperswil suchte auch noch außer seinen Grenzen zu helfen. Uznach und Schmerikon theilten, wie alle Gemeinden, das gleiche Schicksal, und da hierseits nur in Zürich Geld zu bekommen war, diese beiden Gemeinden aber keine zürcherischen Hypotheken besaßen, verpfändete Raperswil sich für selbe und gab jeder der beiden Gemeinden anlehensweise fl. 2000, womit auch sie ihren Hülfsbedürftigen unter die Arme griffen.

Nachdem der Himmel wieder bessere Tage und gute Ernten spendete, dankte man dem Höchsten durch Verschönerungen der Kirche. Der Mittelaltar sammt Tabernakel[1] wurden neu erstellt, der Hochaltar und das hl. Grab restaurirt (1821/22), von einem Raperswiler (Oswald) ein hübsches Mariabild verfertigt (1835) und auch das Pfarrhaus (1826) neu erbaut. Dabei wurde auch das Angenehme nicht vergessen, indem man (1821) ein neues Theater im Schützenhaus errichtete (ehedem war es im Schlosse), das nicht nur zur Freude und Unterhaltung der Einwohner diente, sondern auch eine Bildungsstätte der Jugend war. Für die wehrpflichtigen Männer aber gründete man eine Schützengesellschaft, welche die Revolution für Jahrzehnte begraben hatte, und weihte selbe (1826) mit einem feierlichen Gottesdienste ein, nach der Vorfahren schöner Sitte, welche jedes Werk mit Gott begonnen — für die Knaben aber, damit sie sich früh zum Meister bilden, begann auch wiederum das Armbrustschießen. Dagegen verkaufte man, ohne jeden Sinn für Alterthum, die prächtigen, einzigen Harnische, welche der Zeiten Stürme noch verschont, in denen manch Einer wohl einst im heißen Kampf für's Vaterland gestanden, um einige Silberlinge (1836) und verehrte die übrigen dem Kloster zu Einsiedeln (1821).

Von Frankreich her wurde jetzt neuer Sturm angefacht. Im Juli 1830 wurde Karl X., König von Frankreich, vertrieben und statt der ältern Bourbonen, Ludwig Philipp

---

[1] Im Jahre 1878 wurde abermals ein neuer Tabernakel für Fr. 1500 angeschafft, sowie 1876 eine schöne Orgel für Fr. 22,000 (zum Theile durch Privatstiftungen), indem die anno 1631 erbaute (für fl. 1000 Gl. W.) unbrauchbar geworden.

von Orleans als König der Franzosen proklamirt. Mit ihm herrschte im Nachbarland das Bürgerkönigthum, ein Mittelding zwischen Monarchie und Republik. Die Revolution von Paris fand ihren Wiederhall in ganz Europa, und auch im Kanton St. Gallen mahnten die demokratischen Bestrebungen ernstlich an eine Verfassungsrevision, um so eher, als die bestehende nicht beliebt, die Regierung nicht populär war, und zwischen Großem und Kleinem Rathe steter Zwiespalt waltete. Zwar wurde der Kanton regiert, es ging der Staatswagen im Geleise fort, aber an wirklichen nennenswerthern Leistungen war Weniges aufzuweisen. Namentlich aber hatte das Volk zu wenigen Antheil an den öffentlichen Angelegenheiten. Was aber nicht mehr oder weniger dessen Werk ist, sagt in die Länge ihm nicht zu. Dieser Stimmung Rechnung tragend wählte der Große Rath am 9. und 10. November 1830 eine Kommission von 19 Mitgliedern, um eine Revision zu begutachten. Aber die Strömung war schon zu hoch angewachsen, um damit ihr Einhalt zu gebieten. Der demokratische Geist erwachte allwärts und verlangte in stürmischen Versammlungen einen **Verfassungsrath**, unmittelbar von den Kreisen gewählt, nach Verhältniß der Bevölkerung. Nebst dem Rheinthale und Obertoggenburg traten das Land Uznach, wo die Bevölkerung ihre Unzufriedenheit schon oftmal kund gegeben, am eifrigsten der Bewegung bei, und mit diesen einigte sich jetzt auch die Stadt Raperswil, obwohl hier der Mehrtheil, weil sie Ruhe und nur friedlichen Fortschritt verlangten, sich meistens ferne hielt. Allein seit Jahren gährten hier andere, unzufriedene Elemente. Der Gemeindehaushalt war seit der französischen Revolution ein ungeordneter und die Wirren mehrten sich, wie die Rückschläge auf eine bedenkliche Weise; hatte sich ja das Gemeindegut von 1799 nur bis 1820 um fl. 37,148 G. W. vermindert; von 1815

[1] Siehe bezügl. Rechnungsrapporte im Archiv Raperswil.

bis 1831 wurden keine ordentlichen Protokolle mehr geführt. Schon 1816 war die Mißstimmung groß und machte sich offen geltend, als Kirchenpfleger F. Custer das silberne Mariabild unberechtigt verkaufte und das Hüttenamt empfindlich schädigte. Am 30. April 1829 mußte auf erfolgte Klagen eine regierungsräthliche Abordnung einen Untersuch über den Gemeindehaushalt vornehmen und Custer wurde angehalten ein neues Mariabild anzuschaffen und das Hüttenamt mit fl. 400 einigermaßen zu entschädigen. Zu diesen Zerwürfnissen kam dann noch die Erstellung eines neuen Straßenzuges von Raperswil nach Jona, und über Eschenbach und St. Gallenkappel nach dem Ricken, mit Abschließung der alten Jonerstraße, so daß Fuhrwerke jeder Art die Stadt zu passiren gezwungen wurden, indeß bisher die Straße von Schmerikon nach Kempraten und weiter in den Kanton Zürich bei dem obern (östlichen) Thor der Stadt vorbeiführte und diese selbst abgeschnitten war. Erwarteten hievon die Einen den größten Vortheil für die Stadt, einen wesentlichen Aufschwung und bedeutenden Verkehr mit dem Toggenburg bis zum Bobmann's Gestade, sowie endlich die Herbeiziehung des Kornmarktes von Lichtensteig — sahen die Andern darin nur eine Vergeudung der öffentlichen Fonde, an deren Erhaltung ihnen vorzugsweise gelegen war. Das Projekt verdankte übrigens seine Entstehung der Verlegung des Gasthauses zum Pfauen sammt Post außer die Stadt, wodurch der Ort sich vereinsamt sah, daher die Generalversammlung der Antheilhaber als Repressalie am 3. Oktober 1824 einstimmig einen neuen Straßenzug von Jona (Uznacherstraße) direkte in die Stadt beschloß. Von der Regierung gutgeheißen und unterstützt, wurde derselbe dann durch Gemeindebeschluß im Jahr 1827 über Eschenbach und St. Gallenkappel bis Ricken erweitert, wogegen der Stadt die Schließung der alten Jonerstraße, und daß außer der Stadt nirgends ein Landungsplatz gestattet werde, zugesichert wurden. Das bewog dann die Generalversammlung im Frühjahr 1828 dafür eine Summe von fl. 37,000 auszuwerfen. Obwohl nun auch in der Folge die Mehrheit der Bürger (75) dem Projekte nicht mehr treu geblieben, siegte die Minderheit von nur 17 Bürgern durch Unterstützung der Regierung, welche die Gemeindsbeschlüsse der frühern Jahre verbindlich erklärte, und der Bau wurde im Dezember 1829 begonnen und die nächsten Jahre ausgeführt. Er kostete die Gemeinde über fl. 56,000, Opfer, um so anerkennenswerther, als kurz vorher die Seebrücke erstellt worden und nun auch ein kostspieliger Hafenbau in Aussicht stund, welcher dann auch 1838 zur Vollendung kam und abermals weitere fl. 27,000 erforderte. So kam dieser neue Verkehrsweg zu Stande, damit aber auch jahrelanger Hader und Streitigkeiten. In allen Familien war dadurch Unfriede und Zwiespalt getreten. Der nothwendig gewordene Abbruch eines Hauses konnte nur unterm Schutze von Polizeimannschaft bewerkstelligt und die Generalversammlungen mußten nicht selten von Regierungsabgeordneten geleitet werden. Die Unzufriedenen der Stadt wurden gehetzt und gestählt durch die Führer im Lande Uznach und Gaster, welche keine Mittel unbenützt ließen, um die Sache zu vereiteln. Uznach glaubte in seinen Interessen sich gefährdet, weil es fürchtete, dadurch würde sein Verkehr mit dem Toggenburg abgeschnitten oder doch beeinträchtigt. Gaster (ja sogar die Gemeinden Amden und Rieden) und andere Landestheile beschwerten sich, daß sie künftig nach dem Kanton Zürich den Umweg durch die Stadt machen müßten. Gesuche um Abhülfe deshalb an den Großen Rath, Zeitungsartikel und Broschüren blieben aber fruchtlos, und nun griff man zur Selbsthülfe. Als die alte Jonerstraße laut gegebener Zusicherung endlich durch Regierungsbefehl geschlossen worden — welche Vergünstigung jedenfalls gegenüber den großen Opfern in keinen Betrach fällt — sammelten sich am 29. Januar 1833 — 23 der angesehensten Männer vom Gaster, Uznach und Schmerikon, mit Zuzügern von überall, überfielen die Barrièren (Gatter) der alten Straße bei Jona und zertrümmerten selbe mit Sägen und Aexten. Es macht einen bemühenden Eindruck, daß Männer, in Reife der Jahre, in bevorzugter gesellschaftlicher Stellung, von denen sehr Viele auf Bildung und Erziehung Ansprüche zu machen sich berechtigt glaubten, ein solch knabenhaftes Beginnen anzettelten und vollführten. Nur der Verwendung verständiger Männer Raperswils war es zu verdanken, daß, bei dem allgemeinen Unwillen und der Aufregung in der Stadt, wo die Mannschaft zur Abwehr schon zusammengerufen war, es nicht zu einem blutigen Zusammenstoß gekommen, waren ja auch die Gegner der Straße empört über das gewaltthätige Vorgehen. Man hieß dann diesen lächerlichen Feldzug den „Gatterkrieg", dessen Anstifter wahrlich keinen Ruhm erworben.

Die Regierung ihrerseits sandte zur Untersuchung der frechen Höhnung ihrer Anordnungen einen Spezial-Kommissär. Gegen 25 Anführer des Zuges fand Strafeinleitung statt und es wurden selbe am 5. Februar 1836 vom Kantonsgericht in Straf und Kosten verfällt, obwohl unmittelbar vorher sämmtliche Akten durch Angeklagte auf frevelhafte Weise zernichtet wurden.

War die Sache mit Mühe erkämpft worden, blieb gleichwohl die Wirklichkeit weit hinter dem Gehofften zurück, es ist eben unser gewöhnliches Geschick, weise von der Vorsehung bestimmt, daß wir die Zukunft uns in rosigen Farben malen. Der erwartete Kornhandel, weßhalb im Jahre 1833 ein eigenes Gebäude erstellt worden, wurde längere Jahre künstlich erhalten, mußte aber endlich doch wieder aufgegeben werden. Dagegen erhielt jetzt die Stadt durch Schleifung der Thore, Fortifikationen, Schanzgebäuden und Schanzen, Zoll- und Wachthäuser freiern Zugang und dadurch auch lebhaftern Verkehr, wozu später noch die errungene Einführung eines direkten Postkurses (1835) von Zürich über Raperswil, Gallenkappel, Ricken ꝛc. nach St. Gallen und insbesondere aber die neue Straßenrichtung gegen den Kanton Zürich (1833, sogen. Gubelstraße, deren Kosten ebenfalls Raperswil bestritt) Wesentliches beigetragen. In diese Zeit fiel auch die Trennung der Pfarrei Bollingen von der Spitalpfründe zu Raperswil, 26. Mai 1829, deren Collaturrecht aber der Stadt angehörte bis 1871, wo eine Auslösung aller Lasten stattfand, dagegen das Wahlrecht an Bollingen kam.

Kehren wir wieder zu den Bewegungen zurück, welche eine neue Verfassung dem Kantone bringen sollten. In Raperswil, wo in angeführter Weise die Unzufriedenheit der Bürger immer neue Nahrung fand, schloß man sich gerne andern Mißvergnügten an. Am 6. Dezember 1830 wurde eine, wenn auch schwach besuchte, Versammlung auf's Rathhaus zusammengetrommelt, darin stürmisch die Volkssouveränetät proklamirt, Auflösung der 19er Commission und Aufstellung eines Verfassungsrathes begehrt, unter Anschwörung bei Gott und den Heiligen mit aufgehobenem Eidfinger. Um den Beschlüssen Nachdruck zu geben, wählte man einen Ausschuß, welcher sich mit den übrigen Landestheilen in Verbindung setzen sollte, hatte ja der Wille der Reformer nirgends eine entschiedenere und bestimmtere Form und Färbung, als in dem rührigen Raperswil, das daher auch der Umgestaltung des Kantons den meisten Vorschub leistete. Die Gemeinde Jona, den alten Haß vergessend, schloß sich an die demokratischen Raperswiler an. In St. Gallenkappel (wo man wieder für eine Verbindung mit Schwyz schwärmte) wurde am 10. Dezember eine Volksversammlung abgehalten. An derselben erschienen

---
[1] Baumgartner, Erlebnisse.

bei 3000 Männer aus den sieben Gemeinden des alten
Landes Uznach, indeß in Uznach selbst ein Freiheitsbaum
errichtet, aber auf Drohung der Regierung bald wieder
entfernt wurde. An dieser Volksversammlung betheiligten
sich wenige Raperswiler, obwohl Raimann (genannt Chef)
von St. Gallenkappel durch seine Gehülfen Gebert und
Kägi von Gommiswald und Ricklin im Bildhaus Alles
aufgeboten hatte. Niemand wollte die Versammlung er=
öffnen, das Volk murrte, als endlich B. Büler (Commissär)
von Raperswil die Bühne bestieg, das Volk anredete und
mit ihm fünf Vaterunser betete. Die Begehren der Ra=
perswiler wurden unterstützt, dazu ein Ausschuß gewählt
und die Männer gingen ohne Begeisterung auseinander.
In andern Bezirken, namentlich aber im Rheinthale stun=
den die Wogen noch höher und die Aufregung des Volkes
steigerte sich immer mehr; es zerschlug die ihm lästig ge=
wordenen Formen und warf sich instinktmäßig allen Denen
in die Hände, welche ihm Neues verhießen, oder ihm mit vollen
Händen Befugnisse einzuräumen versprachen. Damit ging die
Autorität der Behörden immer mehr verloren. War das An=
sehen der Regierung dahin — um wie viel mehr noch das
der untergeordnetern Gemeindevorsteher! So drohten in
der Stadt Raperswil sechszig Bürger das Rathhaus zu
erstürmen, wenn nicht sofort eine schon längst verlangte
Generalversammlung der Antheilhaber abgehalten würde.
Die Behörde mußte nachgeben und es wurde eine Com=
mission für Bereinigung des Vermögens und Archivs ge=
wählt, was allerdings seine Berechtigung hatte, war ja
durch Mangel einer ordentlichen Protokollführung in allen
Aemtern der Stadt, in derer ganzen Oekonomie ein be=
dauernswerther Wirrwarr, eine schwer zu bewältigende
Unordnung entstanden, daher Klagen und Streitigkeiten
sich noch jahrelang fortspinnten, bis endlich sämmtliche
Pflegschaften ihre finanzielle Scheidung erlangten.

Im Kanton selbst endigte mit den am 22. Dezember durch die Kreise erfolgten Wahlen des Verfassungsrathes der drohende Sturm. Raperswil entsandte in diese Behörde seine Demokraten Fel. Diog, ein rüstiger, energischer Mann, seiner Sache und seines Zweckes wohl bewußt, muthig und kühn, ehemals Offizier in französischen Diensten — und Fel. Helbling, Geistlicher und Professor, später Regierungsrath und Landammann. Die beiden Raperswiler Verfassungsräthe gingen aber nicht lange zusammen, indem Diog der ultramontanen Partei zulenkte, wie er auch der Führer der Ultrademokraten war; beide aber hatten einen wesentlichen Einfluß auf die neue staatliche Entwicklung. Der Verfassungsrath arbeitete unter dem steten Druck des Volkes oder vielmehr einiger seiner fanatischen Führer. Am 12. Januar 1831 wurde der Artikel über die „Volkssouveränetät der Staatsbürger in ihrer Gesammtheit" unter Drohung von 200 Mann, welche vor der Thüre polternd darauf gewartet, angenommen. Am 13. darauf kamen 600 Männer aus dem Rheinthale zur Unterstützung rein demokratischer Beschlüsse nach St. Gallen und am 24. Februar 1831 fand auf der Tribüne des Rathsaales eine Schlägerei statt. Die Ordnung konnte an diesen Tagen nur mit Mühe hergestellt werden.

Am Schlusse dieses Abschnittes haben wir noch eines Mannes zu erwähnen, der als Künstler seiner Bürgergemeinde, die er sich in Raperswil erworben, zur Ehre gereicht. Es ist der Vater des obgenannten Verfassungsrathes Diog — der ebenso ausgezeichnete als weithin bekannte Porträtmaler Felix M. Diog, geboren im Thale Ursern, im Dorfe Andermatt, seit 1791 Bürger zu Raperswil. Der geniale Maler besaß das feinste Gefühl für die unbedeutendsten Theile seines Gegenstandes, für jede

---

[1] Müller v. Friedberg, Schweizer-Annalen.

auch der kleinsten Schattierungen, deren Zusammenhang ihm das vollkommenste Gemälde darstellte, das er von Punkt zu Punkt abcopirte. Dadurch wurden seine Gemälde zur Täuschung natürlich, fließen ja in der Natur Licht und Schatten in unendlich kleinen Theilen ineinander. Dazu besaß er im Ausmalen die größte Geduld, um auch im kleinsten Pünktchen die Natur auf's Genaueste nachzuahmen.[1] Sein Colorit ist daher voll Leben.

Dritter Abschnitt.
Von der Kantonsverfassung von 1831 bis zur Verfassung von 1861.

Am 7. April 1831 wurde die neue Constitution als angenommen erklärt, obwohl von 32,973 Stimmfähigen

---

[1] Diog zog als Knabe, nachdem fast das ganze Dorf Andermatt und auch sein elterliches Haus ein Raub der Flammen geworden, mit seinem Vater über den Crispalt nach Tschamot. Durch Verwendung des Fürsten von Disfentis, Columban Sozzi aus Polenz, einem Kenner und großen Liebhaber der Künste und Wissenschaften, erlernte Diog, der schon in frühester Jugend schöne Zeichnungen und Schnitzereien lieferte, den Malerberuf. Er kam nach Besançon zu dem damals berühmten Maler und Professor der Akademie, Würsch. Dann ging er nach Mailand, Florenz, Rom und Neapel. Hier brachte er zwei volle Jahre mit Studien und Portraitmalen zu, worin er damals schon einen großen Ruf besaß. In Rom weilte er ein Jahr, hauptsächlich zu seiner Ausbildung. Dann malte Diog lange Zeit in der Schweiz, später im Auslande. Von Diog findet man drei Portraits auf dem Rathhause in Rapperswil, darunter sein eigenes.
(Hirzel, über Diog den Maler, einen Zögling der Natur. Zürich 1792.)

selbe bei der Abstimmung in den Kreisversammlungen nur 9190 annahmen, dagegen 11,091 sie verwarfen. 12,692 Bürger enthielten sich des Stimmens, wurden aber in Folge eines Dekretes über die Abstimmungsweise vom 2. März 1831 als Annehmende gezählt, und es bleibt eine eigenthümliche Erscheinung, eine Art republikanischen Despotismus, Abwesende als Annehmende zu zählen, kann ja das Stillschweigen eines Bürgers gewiß niemals dazu berechtigen, ihm eine Willensmeinung anzudichten.

Die große Mehrheit des Volkes war also eigentlich gegen die neue Verfassung. Der ganze Bezirk Uznach hatte verworfen, mit einziger Ausnahme von Raperswil und Eschenbach. War die Verfassung von 1803 ein Gewaltakt, die von 1814 durch fremde Einflüsse erzwungen worden, war zwar die von 1831 das freie eigene Werk der Bürger, aber durchgedrückt durch nicht zu rechtfertigende gesetzgeberische Künsteleien, mit denen man die Minderheit zur Mehrheit stempelte, was, arithmetisch genommen, unleugbar zu Tage lag.

Die Errungenschaften der demokratischen Volkspartei bestunden vorzugsweise in den direkten Wahlen ohne jeden Census, einzige Beschränkung bildete das Alter, — und in dem Totalaustritt aller Behörden, wodurch mißbeliebige Regierungen und Behörden nach kurzen Perioden wieder entfernt werden konnten. Für den Großen Rath, der wieder aus 150 Mitgliedern bestund, wurde die Wahlart aus den Urkantonen entlehnt. Statt bisher in 8 wurde der Kanton in 15 Bezirke eingetheilt, als: St. Gallen, Tablat, Rorschach, Unterrheinthal, Oberrheinthal, Werdenberg, Sargans, Gaster, Seebezirk, Obertoggenburg, Neutoggenburg, Alttoggenburg, Untertoggenburg, Wyl und Goßau. Diese sandten nunmehr nach der Parität, welche in allen Behörden Beachtung finden mußte, und im Verhältniß der Zahl der Kantons- und daselbst niedergelassenen Schweizerbürger, die Mitglieder, welche einzig ein Alter von 25 Jahren aufweisen mußten, in den Großen Rath, und zwar durch Wahlgemeinden der Bezirke. Sonderbar genug wurden der Stadt St. Gallen, ohne alle Rücksicht auf Seelenzahl und im grellsten Widerspruch zu Art. 4 der Verfassung, der alle Vorrechte des Orts und der Geburt aberkannte, statt 10 nach der Bevölkerung, 15 Großräthe zugetheilt. Der Große Rath, dessen Verhandlungen nunmehr dem Publikum offen waren, wählte den Kleinen Rath aus sieben Mitgliedern seiner Behörde, und dessen Vorstand, den Landammann, der aber nur sechs Monate im Amte blieb und während zwei Jahren nicht wieder wählbar war. Seinen Präsidenten bestellte der Große Rath frei aus sich, mit Ausschluß der Kleinen Räthe. An die Stelle des Appellationsgerichts wählte er ein Kantonsgericht, reduzirt auf 11 Richter, und über verletzte Formen und Gesetze letztinstanzlicher Urtheile abzusprechen, eine Kassationsbehörde aus fünf Mitgliedern, ein ganz neues Institut. — Die Bezirksgemeinden wählten dann ferner die Untergerichte, welche an Stelle der Kreisgerichte getreten, und die Bezirksgerichte, deren Mitgliederzahl auf sieben vermindert wurde; ferner einen Bezirksammann, an Stelle bisheriger Statthalter. Statt in Kreise theilte man jetzt die Bezirke in 91 politische Gemeinden. Der Seebezirk enthielt die Gemeinden Gommiswald, Uznach, Schmerikon, Rapperswil, Jona, Eschenbach, Goldingen, St. Gallenkappel und Ernetschwil. Die Gemeinden wählten Gemeinderäthe von 5 bis 15, und Verwaltungsräthe von beliebiger Mitgliederzahl; ferner einen Vermittler statt des Kreisammanns, der, wenn kein Vergleich unter den Parteien zu Stande kam, die Leitung an die Gerichte zu vollziehen hatte, und jedes Jahr in Ausstand fiel; weitere Verrichtungen des frühern Kreisammannamtes wurden dem Gemeindeamt zugeschieden. Die Amtsdauer von Kantons- und Kassationsgericht war sechs, jene der Kleinen Räthe,

Unter- und Bezirksgerichte vier und aller übrigen Beamtungen zwei Jahre. Für Kantonsgericht, Kassationsbehörde und Kleinen Räthe war ein Alter von 30, für alle andern Stellen 25 Jahre erforderlich. Die Niederlassung wurde für sämmtliche Schweizerbürger gewährleistet, aber freilich nur für Kantone, wo Gegenrecht Geltung hatte. Die konfessionelle Trennung von 1814 blieb beibehalten. Dann wurde noch ein sogenanntes Veto in die Verfassung aufgenommen, die Verweigerung der Anerkennung erlassener Gesetze, wie es einst im alten Rom die Volkstribunen zu thun berufen waren, und wie ein solches auch einst in Polen nur zu oft mit blutigen Szenen zu Tage trat. Im Kanton St. Gallen schraubte man selbes jedoch so zusammen, daß die Volkspartei damit wenig oder nichts eroberte. Fünfzig Bürger konnten in jeder politischen Gemeinde zu dem Zwecke eine Gemeindeversammlung anbegehren. Petirte die **Mehrheit** derselben nicht, so war das Gesetz von ihr als angenommen betrachtet, gegentheils aber wurden die verwerfenden und annehmenden Stimmen gezählt und die **abwesenden** Stimmfähigen zu den letztern gerechnet, und zur Verwerfung eines Gesetzes war mindestens **eine** Stimme über die Hälfte aller stimmfähigen Bürger des Kantons erforderlich. Durch diese Künsteleien wurde die Absicht, welche dem Institut zu Grunde gelegen, illudirt, und das Volk konnte trotz aller Anstrengungen selten sein Veto ausüben, es sollte auch nur der Köder sein, um eher die Verfassung zur Annahme zu bringen. Neu war auch die Aufstellung von Kantons- und Bezirksmilitärgerichten, je auf zwei Jahre. Ersteres wählte der Große Rath, letztere die militärpflichtige Mannschaft.

Raperswil gehörte nun fortan zum Seebezirk. Der Sitz des Bezirks- und Untergerichtes wechselte zwischen Raperswil und Uznach, die Bezirksgemeinde wurde in Eschenbach gehalten. Der neue Große Rath, gewählt nach

der neuen, aus aristokratischem und rein demokratischem
Zeug zusammengenähten Verfassung, versammelte sich das
erste Mal den 10. Mai 1831. Er schaffte alle Titulaturen,
Degen und Dreispitz der Behörden ab, ebenso die frühere
Ehrenwache, und erkannte unbedingte Redefreiheit. Solch
kleinliche Dinge hielt man auch für freiheitliche Errungen=
schaften, und in gleichem Sinne befahl später (1839) der
Kleine Rath der Stadt Raperswil, an öffentlichen Gebäuden
der Stadt Wappen, die beiden Rosen, zu entfernen und
sämmtliche politische Bürger frei die Brücke passiren zu
lassen. Wäre Letzteres auch ein Akt der Billigkeit und
freundlichen Entgegenkommens gewesen, so ging es doch
gegen die Eigenthumsrechte der Stadt, die Wappen aber
hatten ja nur noch einen historischen Charakter, ohne jede
politische Bedeutung. Die Begehren wurden abgewiesen,
und die Wappen — stehen noch. Der Große Rath von
1831 wählte den greisen Müller v. Friedberg, den Schöpfer
des Kantons, nicht wieder in die Regierung, wobei dieser
ausgezeichnete Staatsmann wohl zur Klage über den Un=
dank der Republik mehr als berechtigt war und den Kanton
für immer verließ, um (22. Juli 1836) in Konstanz zu
sterben.

Indeß waren die reformatorischen Gelüste von den
Laien auch an die katholischen Geistlichen übergangen. Es
war namentlich die Reginnkel Raperswil im Landkapitel
Uznach (selbes bestund und besteht aus Seebezirk ohne
Gommiswald, dagegen aber im Verein mit Kaltbrunnen),
welche Neuerungen in der kathol. Kirche anstrebten und
dafür den Moment gekommen wähnten. Anfangs wurde
freilich Weniges verlangt, nur Abhaltung von Diözesan=
Synoden und ein eigener kathol. Erziehungsrath, den da=
mals der kathol. Administrationsrath bildete. An der Spitze
dieser Bewegung stunden der Stadtpfarrer Raperswil's,
Christoph Fuchs von da, ein feuriger Redner, Enthusiast,

aber unzugänglich für Räthe der Klugheit — und Alois
Fuchs von Schwyz, Professor und Spitalpfarrer in Ra=
perswil, ein Mann von ruhigem Wesen, bescheidenem
Aeußern, liebsam, ohne Falsch und ohne Arg, aber bis zur
Schwärmerei eingenommen für freisinnigere kirchliche und
¹ politische Umgestaltungen, der in Selbstüberschätzung und
ohne alle Pastoralklugheit, zu übernehmen gedachte, was
weit stärkere Charaktere nicht gewagt. Zu diesen gesellte
sich als dritter im Bunde Felix Helbling, dem wir schon
als Demokrat oben begegnet; er war damals Professor in
und von Raperswil, seinem Wesen nach kalt, zähe, uner=
müdet und berechnend, einer der thätigsten im Auftreten
² der Geistlichkeit für die Synoden.

Andere Capitel schlossen sich an und die Sache gewann
immer größere Dimensionen. Der Bischof von St. Gallen
und Chur aber trat diesem Ansinnen entschieden entgegen
und die folgenden Ereignisse in Raperswil legten die Sache
lahm. Durch seinen Freund Christoph Fuchs in die Vor=
reihe getrieben, hielt allda Alois Fuchs am 13. Mai 1832
eine Predigt: „Ohne Christus kein Heil für die Menschheit
in Kirche und Staat." Da wurde sofort von Seite des
obberührten Führers der Ultrademokraten zur Zeit des
Verfassungsrathes, Diog, beim Verwaltungsrathe Rapers=
wils, der damals auch die örtliche Kirchbehörde bildete,
³ Klage geführt, daß Fuchs gegen den Cölibat gepredigt hätte,
indem er sagte: „bald werden Lutheraner, Katholiken
und Reformirte einig sein" und verlangte Anzeige an den
Bischof. Christoph Fuchs, in ungemessenem Eifer für seinen
Freund und dessen Vorgehen, gab nun fragliche Predigt,
noch weiter ausgeschmückt, und mit Beilagen, im Drucke

---

¹ J. Baumgartner, die Schweiz in ihren Kämpfen und Umge=
staltung in 1830—1850.
² Er starb als Verwaltungsrathschreiber von Raperswil.
³ Protokoll des Verwaltungsrathes Raperswil.

heraus, wodurch die Sache viel anstößiger und schlimmer geworden. Die Gemüther der Freunde wie der Gegner wurden dadurch nur gereizter und sie theilten sich in leidenschaftliche Parteien. Später verlangten 57 Bürger von Raperswil die Absetzung des Anton Fuchs als Professor, wogegen 84 den Verfolgten in Schutz nahmen, Unterstützung bei der Regierung suchten und fanden, indem diese ihn, nachdem er (8. März 1833) von der Curia in allen priesterlichen Amtsübungen eingestellt (suspendirt) worden, bei seinem Einkommen als Verpfründeten und Lehrer schützte. Umsonst suchte Christoph seinem Freunde durch das Capitel Uznach Hilfe zu bringen, welches noch am 17. April 1833 erklärte, „fragliche Predigt sei nach Sinn und Herzen aller seiner Mitglieder gehalten". Die angefochtene Schrift wurde nicht nur von der Curia, sondern auch vom Papste Gregor XVI. als akatholisch erklärt, weil selbe Freiheit und Gleichheit in der Kirche einführen wolle, den Unterschied zwischen Laien und Priestern beseitigen würde; weil sie für die Kirche eine demokratische Verfassung anstrebe, die Rechte des Episcopates leugne, in Kultus, Liturgie, Disziplin und selbst in der Hierarchie Umgestaltungen durchsetzen wolle, die lateinische Sprache lächerlich mache, die ewigen Gelübde verwerfe, und ebenso die Ehelosigkeit der Priester, wie die Gesetze des Fastens.

Bleiben und Wirksamkeit waren für Alois Fuchs in Raperswil unmöglich geworden, daher seine Gesinnungsgenossen, dessen Gelehrsamkeit weit überschätzend, ihm die Stelle eines Stiftsbibliothekars in St. Gallen verschafften. Nicht lange darauf vernahm er, daß sein Freund Christoph, der ihn immer vorwärts gedrängt und noch jüngst vorher gegen jedes Zurücktreten oder Nachgeben abgewehrt hatte, der Nuntiatur in Luzern den Rücktritt von all seinen bisherigen Reformbestrebungen erklärt und die bisherige Zustimmung zur besagten Predigt schriftlich zurückgenommen habe

(16. September 1834). Das mochte für ihn wohl der herbste, schmerzlichste Schlag sein! Der Getreuen einer nach dem andern wandte sich von ihm, auch das Capitel Uznach wollte ihn nicht mehr kennen — vereinzelt und allein that er endlich selbst auch den Widerruf und wurde, nach Ablegung des tridentinischen Glaubensbekenntnisses und Bezeugung seiner römisch-katholischen Gesinnung, am 7. April 1835 in seine priesterlichen Funktionen wieder eingesetzt, verlor aber damit die Sympathie seiner Gönner und auch die Bibliothekarstelle — worauf er mißmuthig und gebrochenen Herzens in seine Heimath, nach Schwyz, sich zurückzog. Christoph Fuchs aber nahm im September 1833 einen Ruf nach Luzern an als Professor der Theologie, wo man Großes von ihm erwartete, was sich aber nicht verwirklichte. Der Bischof in Solothurn verweigerte ihm die Aufnahme in den Basler Bisthumsverband, aus Grund bestrittener Rechtgläubigkeit, und seinen Schülern wurden die geistlichen Weihen versagt. In Folge dessen hob dann Luzern die ganze theologische Lehranstalt auf, bis sein Widerruf erfolgte. Damit verglühte auch sein [1] Ruf, wie die Erwartung, daß er eine neue Leuchte kathol. Wissenschaft werde; sein Stern war verblichen, um nie mehr aufzugehen. Nicht lange darnach zählte er zu den eifrigsten Vertheidigern der streng-kirchlichen Schule. Was er aber nicht ändern konnte, war das Unglück seines Freundes Alois, nur durch ihn verschuldet.

Der dritte Führer dieser kirchlichen Bewegung, Felix Helbling, verließ, weil damit unzufrieden, nun seinen geistlichen Beruf und wurde vom Großen Rathe St. Gallens als Mitglied in den Kleinen Rath berufen. Das, das Ende dieser Bestrebungen innert der katholischen Kirche, die, von

---

[1] J. Baumgartner, die Schweiz in ihren Kämpfen und Umgestaltungen 1830—1850.

Raperswil ausgegangen, auch vorzüglich da ihren Sitz hatten, und die aber alle in Sand verliefen, die Bevölkerung in feindliche Parteiungen spalteten und die Führer durch ihre Fahnenflucht in ein höchst zweifelhaftes Licht stellten. Erfolg hatten sie keinen, wenn auch im Jahre 1833 (März) durch die neue kathol. Organisation ein eigener kathol. Erziehungsrath aufgestellt worden, welche Forderung der freisinnigen Geistlichkeit ja damals nur die Folie kirchlicher Aenderungen bildete.

Raperswil hatte sich für diese Zeit namentlich auch im Schulwesen rühmlich bethätigt und gehoben. Schon 1803 wurde dasselbe, wie früher gemeldet, gänzlich umgestaltet. An Stelle der Anstalt der Piaristen, welches Institut von 1784 bis 1798 gedauert, wo es dann einging, trat die lateinische Professur, das ehemalige Subsidiariat, ohne kirchliche Beneficialverrichtungen, zu welchen die übrigen Lehrer der höhern Schulen, als Geistliche, verbunden waren. Schon im Jahre 1813 wurde dieses mit der Mediomissariatspfründe (Mittelmeßpfründe) vereinigt, wofür aber die bischöfliche Genehmigung erst anno 1831 erhalten werden konnte — und es wurden dann 1813 auch der Pfarrhelferei und Custorei sowie 1820 der Frühmesserei Schuldienste überbunden. Die Spitalpfründe hatte nach der Abtrennung von Bollingen (1829) fast ausschließlich Schulverrichtungen. Nebstdem besaß Raperswil schon seit lange her tüchtige Primarschulen mit Lehrern und Lehrerinnen, war somit von je für gute Heranbildung der Jugend besorgt und stets zu bezüglichen Opfern bereit.

Im Jahre 1832 wurde dann auch eine Secundarschule gegründet. Die Kräfte dazu nahm man nicht engherzig aus dem Gemeindebann, sondern berief dazu Lehrer aus Deutschland, deren vorzügliche Kenntnisse bekannt waren. Nebst der deutschen Sprache wurden auch die Erlernung der französischen Buchhaltung und Comptabilität, Architektur und Feldmessen, Rißzeichnung und Naturlehre, gründlicher Unterricht in der Mathematik, Geometrie und vaterländischer Geschichte gefordert. Zu dem Zwecke wurde 1832 Professor Gagg aus dem Großherzogthum Baden berufen, ein in jeder Beziehung ausgezeichneter Lehrer, der sich auch noch verpflichten mußte, eine Sonntagsschule abzuhalten. Ferner stellte man einen besonderen Zeichnungslehrer an, und errichtete im Interesse der Jugend für diese eine Bibliothek durch Beiträge von Gemeinde und Privaten.

Gagg's Stellung in Raperswil wurde aber bald in Frage gestellt, als derselbe sich Anfangs des Jahres 1833 weigerte, mit der Schuljugend den an die Schule sich anschließenden nachmittägigen Gottesdienst (Rosenkranz) abzuhalten. In Folge dessen wurde diese Andachtsübung vom Verwaltungsrathe aufgehoben. Allein mehrere unzufriedene Bürger bemächtigten sich der Kirchenschlüssel mit Gewalt und läuteten zum Rosenkranz. Der Rath sah sich gezwungen, den Tumultuanten nachzugeben und brachte an die von 50 Bürgern verlangte Gemeindeversammlung den Antrag auf Absetzung des vor Kurzem berufenen Professoren. Dagegen stunden 54 Bürger zu Gagg, unterstützt vom kath. Erziehungsrath (der damals auch die Schulräthe für Secundarschulen zu wählen hatte) und dem Schulinspektorate. Die Beschwichtigung dieser Händel erfolgte damit, daß Gagg den vormittägigen Sonn- und Werktags-Gottesdienst mit der Schuljugend zu besuchen erklärte, dagegen des Rosenkranzes enthoben wurde. Diese Reibungen, welche Bevölkerung Raperswils fieberhaft aufgeregt, schwächten aber seinen Einfluß und Wirksamkeit, und nach kaum zwei Jahren nahm dieser ausgezeichnete Schulmann seinen Abschied. Hieburch fand auch gleichzeitig die Opposition gegen oberwähnten Alois Fuchs immer neue Nahrung, denn Leiden-

---

[1] Verwaltungsrathsprotokoll.

schaften, heraufbeschworen durch vermeintliche oder wirkliche Verletzung religiöser Gefühle, sind selten und schwer zu dämmen. Hiebei fügen wir noch bei, daß als Lehrer an der Primarschule Raperswil auch (1841) angestellt war Raff von Weißlingen (Württemberg), renomirter Musik-Componist.[1]

Im Kanton selbst wurde der durch die neue Verfassung gebotene Ausbau durch bezügliche Gesetze allmählig zu Ende gebracht, in Raperswil zufolge des neuen Organisationsgesetzes über Gemeinds-, Verwaltungs-, Bezirks- und Gerichtsbehörden, der bisherige Collaturrath (Dezember 1831) aufgehoben. Gemeinds- und Verwaltungsrath, der erstere aus neun, der letztere aus eben so vielen Mitgliedern bestehend, wählten fortan ihre Angestellten und funktionirten nach Vorschrift des Gesetzes. Damit die Trennung besser könne durchgeführt werden, durfte kein Mitglied des Verwaltungsrathes zugleich im Gemeinderath sitzen. Schulräthe, welche bisher der Verwaltungsrath aus seiner Mitte bildete, oder durch ihn ernannt wurden, erkoren fortan die Schulgemeinden. Die Lehrer an die Primarschulen wurden vermehrt, 1853 das kath. Schulhaus vergrößert, wie verschönert. Das Oekonomische besorgte der Verwaltungsrath, was polizeilicher und politischer Natur war, der Gemeinderath. Im Jahre 1841 wurde auch noch eine eigene Behörde für die Kirche- und Schulgutsverwaltung (bisher dem Verwaltungsrathe zugetheilt) auf-

---

[1] Jos. Joachim Raff war 27. Mai 1822 zu Lachen geboren. Seine Eltern stammten aus dem württembergischen Dorfe Wiesenstetten im Schwarzwald. 1843 erschienen die ersten Werke dieses Tonkünstlers. In Stuttgart schrieb er die Oper „König Alfred", war dann in Wiesbaden Musiklehrer und Componist. Seit 1870 machte er nur Compositionen und wurde 1877 Direktor des Conservatoriums für Musik zu Frankfurt a/M. Von ihm sind bis jetzt über 200 musikalische Werke erschienen. Er starb in Frankfurt a/M. am 25. Juni 1882.

gestellt. Mit all dem aber wurden die Verwirrungen nur
größer, weil die Ansprüche der von der Ortsverwaltung
abgesonderten Verwaltungszweige, trotz aller bisherigen
Anstrengungen, unerledigt geblieben. Umsonst beschloß die
Ortsverwaltung schon im August 1832, es solle das Rent=
amt (Genossenkasse) fürderhin keinerlei Auslagen mehr für
polizeiliche Anordnungen und Angestellte, weder für Lösch=
geräthe, noch für die gemeinderäthliche Kanzlei bestreiten — die
Deckung mußte am Ende immer wieder durch jene Behörde
erfolgen, welche bisher alle Auslagen des gesammten Ge=
meindehaushaltes bestritten, und zwar bis endlich eine Aus=
scheidung der Fonde stattfand, die wir nun, als eine viel=
jährige Arbeit, weiter verfolgen wollen.

Inzwischen war man doch immer auf die Aeufnung
der Stadt bedacht, setzte daher die Waarenzölle schon 1833,
mit Ausschluß des Zolles an der Sust bei Kempraten, auf
die Hälfte herab, um den Verkehr in der Stadt zu heben.

Bei der Ausscheidung der örtlichen Fonde stunden sich
stets zwei Parteien gegenüber, deren Zähigkeit in ihren
finanziellen Interessen gelegen war. Der Ortsbürger wollte
möglichst wenig ausshingeben, um desto mehr für sich zu
gewinnen, um seinen Privatnutzen aus dem Bürgergut
möglichst zu erhalten. Der Niedergelassene und derjenige,
der das Wohl der Stadt vorab im Auge hatte, ersterer
namentlich, um künftig wenig durch Steuern gedrückt zu
werden, sah er ja mit scheelem Auge, wie seit 1831 die
Ortsbürger ihre Betreffnisse an die politischen Auslagen
aus der öffentlichen Casse bezahlten, indeß er seinen Bei=
trag laut getroffener Verstänigung aus der eigenen Tasche
bestreiten mußte, — sie verlangten reichliche Aussteuer. Erst
im Jahre 1834 wurde das gemeinsame Archiv getrennt,
und Schriftstücke und Protokolle ausgeschieden, indeß die
Zutheilung des politischen Vermögens ab Seiten der Orts=
gemeinde im Dezember 1835 durch einen regierungsräth=

lichen Commissär vermittelt werden mußte. Die politische Separation wurde endgültig abgeschlossen den 2. Februar 1836. Hienach erhielt die politische Gemeinde aus dem¹ Genossenvermögen fl. 25,000, welche Summe voraussichtlich die Gemeindeauslagen nicht bestreiten und wobei für Verschönerung der Stadt, Verbesserungen in Straßen, Gebäuden und Beleuchtung u. s. w. nichts geleistet werden konnte. Gleichwohl erhielt der Vergleich die obrigkeitliche Genehmigung zum Nachtheile der Zukunft, bleibt es ja unbestritten, daß alle Ortsfondationen vorab den sämmtlichen Bedürfnissen gemeinen Wesens zubienten, und wurden ja Jahrhunderte durch daraus alle Ausgaben im Polizei- und Armenwesen, für Kirche, Pfründen und Schulen bestritten, ohne auf eine mehr oder minder große bürgerliche Nutznießung Rücksicht zu nehmen, für welche auch keinerlei Vergabungen und Schenkungen je an die Stadt gemacht worden. So handelte die längst vergangene Zeit großherziger als das vorgeschrittene, gefeierte 19. Jahrhundert.

Durch jenen Vertrag von 1836 übergingen eigenthümlich an die politische Gemeinde das ihr schon angewiesene Archiv, die Gefängnisse, das Feuerspritzenlokal, sämmtliche Löschgeräthschaften, Straßenlaternen (in Bezug auf Leuchtungsfähigkeit heute noch sehr primitiv), Thurmuhren, die Brunnen und Quelle in der Tägernau, Straßen und Brücken, mit Ausnahme der Seebrücke. Die Marktgebühren erhielt die politische Gemeinde — Sust- und Waaghausgebühren, Bach- und Wasserrechtszinse aber die der Genossen. Jene hatte dann auch den von der Ortsbürgerschaft zu erstellenden Seehafen künftig zu unterhalten. Gemeinsamer Benützung wurden zugeschieden: die Sitzungszimmer im Rathhause u. s. w.

Waren damit auch die jahrelangen Verwickelungen und

---

¹ Gedruckte Ausschreibungsurkunde vom 2. Febr. 1836.

Streitigkeiten zwischen den beiden Behörden gehoben, so zeigte diese Ausscheidung sich doch bald mangelhaft und fand ihre Ergänzung erst am 31. Januar 1867 durch eine „Revision über die Ausscheidung von 1836". In ¹ diesem Abkommniß wurden hauptsächlich folgende Bestimmungen vereinbart: In das Eigenthum der politischen Gemeinde übergehen: Seehafen und Kornhaus, verschiedene freie, öffentliche und Ablagerungsplätze, der Lindenhof mit westlicher Schloßhalbe und Schützenhausplatz, ferner der Stadtbach vom Gaißrhainwuhr an, sammt Bach- und Wasserrechtzinsen. Im Rathhause hat die Ortsgemeinde der Einwohnergemeinde zwei geräumige Archivlokale zu ² erstellen. Dagegen übernimmt fortan die politische Gemeinde alle Armenfuhren (bisher von der Ortsverwaltung bestritten) und die Löschgeräthschaften werden aus dem Rathhause entfernt, sowie das bisher vom Gemeinderath benützte Archiv der Ortsverwaltung abgetreten und diese der Bau- und Unterhaltspflicht der Fahrbrücke zu Jona ³ enthoben wird. Zur Ausgleichung dieser Vereinbarung zahlte die politische an die Ortsgenossengemeinde Fr. 13,000.

Durch die Verfassung von 1831 wurden Handels- und Gewerbefreiheit eingeführt und auch die freie Niederlassung kam wieder zur Geltung, wenn auch (wie früher angeführt) noch durch die Bedingung staatlicher Gegenrechte beschränkt. Das war der Sauerteig, aus dem allmälig, wenn auch langsam, ein ganz neues Gemeinwesen sich herausbildete. Ohne die Vortheile eines Bürgers in Holz und Land zu

---

[1] Gedrucktes Verabkommniß über Revision der Ausscheidungsurkunde vom 2. Febr. 1836 zwischen Gemeind- und Verwaltungsrath d. d. 28/31. Januar 1867.

[2] Diese Baute wurde erst 1870 ausgeführt.

[3] Die Bau- und Unterhaltspflicht der Jonabrücke mußte Rapperswil, in Folge des erstellten Straßenzugs von Rapperswil über Eschenbach nach dem Ricken, übernehmen.

besitzen, mußte der Niedergelassene sich durch Thätigkeit und Kenntniß in seinem Berufe hervorarbeiten. Dadurch wurde aber auch der Ortsbürger gehoben, er mußte sich anstrengen, ihm ebenfalls ebenbürtig zu werden, oder erlag der Konkurrenz. Deßhalb war es auch bisher schwer Niederlassungen für Fremde zu erhalten, die ohnehin noch höher besteuert waren als der Bürger, denn jeder Handwerker fürchtete den Eintrag in seinem Geschäfte, jede Gewerbsthätigkeit suchte möglichst isolirt zu bleiben und der ursprüngliche Insasse beanspruchte Gewerb- und Handelsmonopol als uralte Berechtigung. Die Neuerung brachte daher ein regeres Leben und Aufraffung der alten Bürgerschaft zu Stande, indem die schöne Lage der Stadt, die freundliche Bevölkerung und die vielen Verkehrswege Fremde herbeilockten, so daß die Bevölkerung im Jahre 1837 schon 1654 Seelen betrug, wovon 980 Niedergelassene.

Dadurch steigerten sich aber auch die Bedürfnisse für Kirche und Schulen immer höher und riefen von selbst einer weitern Sonderung auch dieser Fonde vom Ortsgute, welche einzig noch durch entstandene Streitigkeiten wegen einer Kirchenbaute oder größern Kirchenreparatur einstweilen zurückgedrängt wurde. Im Jahr 1671 stürzte in Folge eines ungeheuren Orkans das Kirchendach ein. Der sogleich begonnene Wiederaufbau scheint aber von fehlerhafter Konstruktion gewesen zu sein, indem in einer Reihe von Jahren ein wenn auch ganz minimes Weichen des Dachstuhles nach der Süd- und Nordseite beobachtet wurde, das aber bis 1837 keinerlei Bedenken erregte. Zu dieser Zeit aber wünschten einige Bürger, im Verein mit den reformirten Anwohnern, welche jetzt ernstlich einen eigenen Tempel und Gottesdienst anstrebten, eine Simultankirche

---

[1] Siehe Geschichte der Stadt Rapperswil bis 1803 von X. Rickenmann.

zu erbauen, indem die Gelegenheit gegeben schien, leicht zu einem Neubau zu gelangen und eine durchaus gebotene kostspielige Reparatur der alten Pfarrkirche zu vermeiden, welche doch nicht länger genügen könne. Um leichter ihre Zwecke zu erreichen, schützte man die Gefahr eines abermaligen Einsturzes des Kirchendaches vor — allein die Mehrheit der Bürger wollte sich nicht trennen von dem Gotteshause, in welchem ihre Väter so oft den Sieg und Hilfe von Oben, in größten Nöthen erbeten. Die Kirche mit ihren Vorzügen wie mit ihren Mängeln war ihnen lieb geworden, und was etwa fehle und wünschbar bleibe, lasse sich, meinten diese, im geeigneten Momente durch eine Restauration des Alten erreichen, ja vielleicht dadurch Schöneres erzielen, als ein Neubau bieten würde. Die Sache wurde von beiden Seiten immer ernster bearbeitet, Eifer und gegenseitige Leidenschaft nahmen eine ungerechtfertigte Höhe. Umsonst verlangte anfänglich der Gemeinderath die Schließung der Kirche am 21. August 1837, weil der Ortsverwaltungsrath, gestützt auf das Ergebniß des Untersuchs mehrerer Baumeister es verweigerte, bis endlich im September zur Beruhigung die Kirche geschlossen und der Gottesdienst in die Kapuzinerkirche verlegt wurde. Gleichzeitig aber traf man einige vorsorgliche Maßnahmen zur Sicherung des Dachstuhles, wornach die Kirche wieder geöffnet worden. Der Gemeinderath aber trat diesem auch jetzt wieder entgegen, forderte die Kirchenschlüssel ab, jedoch fruchtlos, weshalb die Polizeibehörde am 10. November nun die Eingänge durch Wachen sperren ließ. Da sammelte sich aber viel Volk zusammen, es gibt tumultuarische Auftritte, die Polizeimannschaft wird insultirt, ohne ihre Aufträge erfüllen zu können; man läutet, Alles drängt sich in die Kirche und der Gottesdienst muß abgehalten werden.

---

[1] Protokoll des Verwaltungsrathes.

Es wurden dann weitere Fachmänner auf höhern Befehl zu neuem Untersuche beauftragt und in deren Folge die Kirche nochmals geschlossen, bis die nöthigen Sicherheits= mittel getroffen waren. Der Sturm endete damit, daß eiserne Schlaudern am Dachstuhle angebracht wurden, welche nicht zur Zierde des Gotteshauses gereichten, wohl aber die Minderheit beschwichtigten, indem sie die vermeint= liche oder wirkliche Gefahr abhielten. Am 18. Dezember 1837 war die Arbeit vollendet und die Kirche wieder dem Gottesdienste übergeben.

Das hatte die Gemüther für lange entzweit, denn die Kirchenbaute wurde mit der Religion, irrig und unklug genug, verwechselt.

Um aber dem reformirten Theile der Bevölkerung zu beweisen, daß keinerlei Leidenschaften gegen sie walten und daß man sie an einem eigenen Gottesdienste weder zu hindern noch zu verkürzen denke, räumte der Ortsver= waltungsrath der „evangelischen Kirchenvorsteherschaft des Seebezirks", da sich jetzt eine evangelische Pfarrgemeinde gebildet hatte, für ihren Gottesdienst, auf derer Wunsch, die Kapelle zu Kempraten ein, mit der einzigen Bedingung, daß der evangelische Gottesdienst nicht mit dem katholischen collidire. Als dann aber die Kirchgemeinde Bußkirch gegen diese Mitbenützung der Kapelle, in der auch sie Rechte be= anspruchen zu können behauptete, Einwand erhob, verzichtete sie und erbaute 1841 einen eigenen Tempel in malerischer Lage, wie sie dann auch 1845 ein Haus für die Pfarrwohnung ankaufte.

Wie Ruhe und Frieden wieder rückgekehrt, arbeiteten die Behörden mit allem Eifer wieder an der Ausscheidung des Armen=, Kirchen=, Pfründen= und Schulgutes, von den Ortsfondationen. Eine solche kam zu Stande für das Armen= oder sogenannte Spitalgut den 29. August 1841, sanktionirt vom Kleinen Rathe den 25. Oktober gl. J. Der Spital, welcher durch fromme Stiftungen außerordentlich bedacht war (besaß er ja nach den genauen Untersuchsresultaten einer bezüglichen Commission noch im Jahre 1800 über 360,000· fl. G. W.), erlitt vielerlei Einbußen zur Zeit der Revolution und der Theurung von 1816 und 1817, und es wurden ihm im Laufe der Jahrhunderte mancherlei Lasten zu Gunsten verschiedener Aemter aufgebürdet, welche die Länge der Zeit zu Rechten stempelte, daher jetztmehr der Armenfond in Allem, Gebäude, Mobilien und Ackerland inbegriffen, ¹ nur mit fl. 190,000 ausgesteuert wurde, eine Summe, zu klein für die nachweisbaren Stiftungen, aber groß genug, um für die wenigen ortsbürgerlichen Geschlechter resp. deren Arme zu genügen.

Weit länger dauerte die Abkurung gegenüber Kirchen, Pfründen und Schulen, indem hier die kathol. Oberbehörden gegen die von der Ortsgemeinde in dem Ausscheidungsinstrumente vom 29. August 1841 festgesetzte Auslösungssumme Einwand erhoben, unterstützt von dem im Mai dieses Jahres zum ersten Male erwählten eigenen Kirchenrathe Raperswils. Das führte zu vielen weitschichtigen Unterhandlungen und Concessionen von dieser und jener Seite, bis endlich der Separationsakt sich endgültig gestaltete, und solcher dann unterm 24. September 1850 vom kathol. Erziehungsrathe, am 25. September gl. J. vom kathol. Administrationsrathe, und endlich erst am 26. März 1851 vom bischöflichen Ordinariat die Genehmigung erhielt.

Die Kirche empfing hienach fl. 85,386. 45 kr., inbegriffen die Gebäude (fl. 21,400) und Kirchenschatz (fl. ² 16,086. 45 kr.), — den Pfründen wurden zugeschieden fl. 73,950, Gebäude (fl. 9200) inbegriffen. Für die Väter Kapuziner wurde als Ersatz für bisherige Leistungen an

---

¹ Ausscheidungsurkunde über die örtlichen Fonde, 29. Aug. 1841.

² Ausscheidungsurkunde von 1841 im Archiv des kathol. Administrationsrathes in St. Gallen.

Viktualien und Geld an das Kloster, sowie als Aequivalent für deren kirchliche Funktionen, durch fragliche Separation ein Kapital von fl. 10,000 ausgeschieden und dem Kirchenfond einverleibt, deren Zinse den Patres zufallen, wovon aber bei einer allfälligen Aufhebung des Klosters fl. 8000 ¹ an die Ortsgemeinde wieder zurückzustellen sind. ²

Sehr günstig gestaltete sich, wie es auch im hohen Interesse der Gemeinde war, der vor allem aus daran liegen muß tüchtige und intelligente Bürger zu erziehen, die Dotation der Schulen, wenn man berücksichtigt, daß selbe keinerlei Stiftungen besaßen, mit Ausnahme der Lateinschulen, wofür das sogenannte Subsidiariat seiner Zeit errichtet worden und für welche verschiedene Verpfründete Verpflichtungen hatten. Weiteres bestritt die Gemeinde-Cassa, früher bei bescheidenen Ansprüchen, welche aber mit der Zeit sich mehrten.

Die Ausscheidungsurkunde behändigte nun den Primarschulen fl. 38,032. 40 kr., inbegriffen die Gebäulichkeiten und Mobilien (fl. 5332. 40 kr.), sowie die nöthigen Heizungsmaterialien (fl. 2100 angeschlagen). Die Sekundarschule aber erhielt fl. 28,550, inbegriffen den Fond von fl. 10,000, welcher nunmehr von der aufgehobenen Mediomissariatspfründe, mit Bewilligung des bischöflichen Ordinariates, den höhern Schulen einverleibt, wogegen aber die Lateinschule nur einem der bleibenden drei verpfrün- ³ deten Geistlichen für die Zukunft überbunden wurde.

Die katholische Sekundarschule, um selbe durch vereinte

---

[1] Gemeindebeschlüsse vom 17. Dezember 1848.
[2] Ausscheidungsurkunde von 1841 im Archiv des kathol. Administrationsrathes in St. Gallen.
[3] Die kathol. Sekundarschule erhielt in der Folge erfreuliche Zuschüsse durch verschiedene Vergabungen, so daß dieselbe mit Juni 1880 ein Vermögen besaß von Fr. 82,762. 65 Rp., Grundeigenthum und Fahrnisse inbegriffen.

Kräfte zu erweitern und durch größere finanzielle Mittel ihre Leistungen zu heben, wurde im Jahre 1870 aufgehoben und dagegen mit der evangelischen Schulgemeinde Rapperswil-Jona eine gemeinsame Realschule gegründet, geleitet von drei Lehrern und einer Arbeitslehrerin, unter Wahrung des Eigenthums der Fondationen für die bezüglichen Konfessionen.

Damit war endlich das Werk der Fondsausscheidungen nach zwanzigjährigen Mühen zum Abschlusse gekommen. Mußte die politische Gemeinde als Aschenbrödel mit ärmlicher Aussteuer sich begnügen, der Spital von seinen reichen Vergabungen Vieles einbüßen, wurden dagegen Kirche, Pfründen und namentlich Schulen wohlbedacht, und zu derer weitern Aeufnung wäre nur zu wünschen, daß der Opfersinn der Väter, durch den die schönen Fondationen großtheils zusammengetragen worden, in die Herzen der Söhne wiederkehre.

Die Aushändigung der vielen Capitalien hatte für die Ortsgemeinde die nothwendige Folge, da das Gemeindevermögen großtheils in Liegenschaften bestund, daß die meisten derselben veräußert werden mußten, so das Haus zur Fluh, der Wagnerhof (1837), das Werkhaus, Horen- und Müseggthürme, die Schanzenhügel (1832), die Reben in Stäfa (1834), die Stadtmühle (1838), Ziegelhütte und Metzgerwiese (1842), die Geeralp (1844), Lenzenwiese und Tegernauerhof (1845), Susten und Kohlhütten zu Kempraten, Lehholzhof (1847) und Staffengut (1848), die Kreuzwiese, Egg- und Gubelreben sammt Lattenhof (1849), die Stadtsäge, Reben im Siegelloh und Hummel (1850), Jonerhof (1851), die Schaf- und Kuhweid (1852), der Vogelauhof und Bächliwiese (1856), die Kalberweid (1857),

---

[1] Vertrag zwischen der kathol. Realschulgemeinde Rapperswil und der evangel. Schulgenossenschaft Rapperswil-Jona betreffend Gründung einer gemeinsamen Realschule. 1869.

das Stampfgut (1858), Braunacker (1866), ein Theil des Grützengutes (1870), der Bußkircherhof (1874) u. s. w. Damit wurde auch die bürgerliche Nutznießung eingeschränkt, Die sogenannte Spitalerkirchweihe, wo die Knaben ehedem die Hirsmahlzeit genossen, Nüsse und Brod erhielten, ging schon früher ein und verkümmerte die Schuljugend um ein herrliches Fest. Die billige Verabfolgung von Kalk, Ziegel und Kaminsteinen aus der Stadtziegelhütte, womit der Bürger billig bauen konnte, hörte auf, ebenso wurde die Austheilung von Brod an die bürgerlichen Haushaltungen auf Neujahr und Agathatag abgeschafft, sowie die Benutzung der Weiden und Bäume in der Kuhweid, derer letztere sich hier jeder Bürger bisher pflanzte, um Wintervorräthe einzuheimsen. Damit waren sie dahin die schönen Tage von Aranjuez! sie lebten fürder nur noch in der Erinnerung. Die Weinberge, welche dem Weinkelleramte den Firnewein lieferten, den die Bürger an Schwörsonntagen und obrigkeitlichen Mahlzeiten, bei Zunftverhandlungen und festlichen Anlässen aus silbervergoldeten Pokalen wonnestrahlend getrunken — sie mußten helfen der Stadt Schulden zu bezahlen. So schwanden der schönen alten Gebräuche, welche das Dasein verschönerten, einer nach dem andern dahin! Läßt sich auch nicht bestreiten, daß die Nutzungen in Wald, Feld und Weid, in Baumaterial, Wein und Brodspenden, ein urväterlicher Communismus waren, welcher die Einwohnerschaft in ältester Zeit zu einer sozialen Familie zusammenrückte und ein mächtiger Hebel bildete zur Förderung der Cultur, zur Weckung politischen Gemeingeistes, zur Hebung des Freiheitsinnes — so wurden sie später freilich auch die Stützen eines falschen Sondergeistes, dem das Verständniß einer andern Zeit fehlte. — Ein großes Stück dieser ehevorigen Herrlichkeiten mußte jetzt geopfert werden, geboten durch die Ausstattungen der Fonde, sowie durch die unternommenen Neubauten und Verschöner=

ungen der Stadt. War Raperswil ehedem vom Verkehr
abgeschlossen und fand das in seinem Interesse, suchte man
jetzt gegentheils alle Verkehrsadern zu öffnen, um Fremde
von allen Seiten herbeizuziehen, Handel und Gewerbe zu
begünstigen. In diesem Sinne suchte man Straßen zu
¹ erweitern und neue anzulegen. Die Fallbrücken bei den
Thoren wurden abgebrochen, die Ringmauern gegen den
See mit sogenanntem Schutzgatter (eine Fortifikation)
demolirt, um auch den Schiffen die Zufuhr zu erleichtern
(1837). Die Thorbogen, welche zur Vertheidigung des
² Stadt-Innern angebracht waren und die „Nachschreier"
seit Brun's, des zürcherischen Bürgermeisters Zeiten an
der Stirne trugen, sowie jene gegen den See, wurden
geschleift und Luft und Licht dem Orte zugänglicher gemacht.
Die Nebengebäude und Stallungen des Rathhauses, zur
Unzierde angebracht, wurden abgebrochen und eine neue
Straße an deren Stelle nach dem Seehafen erstellt (1861).
Das Zollhaus bei der großen Brücke mußte den Anforder=
ungen der Eisenbahnbauten zum Opfer fallen. Eine See=
badanstalt hatte mit Beiträgen der politischen Gemeinde
schon im Jahre 1851, wenn auch in primitiver Form, die
gemeinnützige Gesellschaft des Seebezirks errichtet. Erstere
erbaute dann aber im Jahre 1880 ein hübsches Badehaus
an der malerischen Promenade, welche dieselbe anno 1868
um den sogenannten Kapuzinerzipfel (Westende) zur Ver=
schönerung der Stadt und zur Annehmlichkeit der Fremden
mit großen Kosten errichtete. Die evangelische Schulgemeinde
Raperswil-Jona, welche hier schon im Jahre 1836 ihre
eigene Schule und 1846 ein eigenes Schulhaus besaß, er=

---

¹ Die Krutzgasse wurde erweitert durch Abtragung eines da=
neben bestandenen Fußweges anno 1837.
² Siehe Geschichte der Stadt Raperswil, zweite Auflage, vom
Verfasser.

baute 1869/70 ein zweites Schulhaus auf dem sogenann=[1]
ten Braunacker, am östlichen Stadtende, das ihr zur Ehre,
der Stadt zur Zierde gereicht, indeß die Katholiken ihren
Friedhof in romantischer Lage gegen die Schloßhalde aus=
dehnten (1872/75), auf daß ihre Todten auch noch den letzten
langen Schlummer in feenhafter Umgebung verträumen.[2]
Die Stadt verknöcherte sich somit nicht in alten For=
men und alter Gestalt, wie es zu oft und ungerecht ihr
zum Vorwurfe gemacht werden will, sondern that das
Möglichste zu ihrer Entwickelung nach allen Seiten, wie
wir es noch später sehen werden, wenn Eisenbahnen und
Chaussee=Damm nach dem gegenseitigen schwyzerischen Ufer
zur Sprache kommen.

All das nöthigte aber auch Raperswil, sein Eigenthum
und seine Rechte überall zu wahren. Als im Jahre 1835, Folge
neuer Gesetze, sämmtliche Waarenzölle an den Staat über=
gingen, verlangte die Ortsgemeinde vom Staate St. Gallen
umsonst eine Entschädigung für jenen Zoll, welcher seit[3]
1403 von Waaren bezogen worden, die über See und
Land nach der Stadt kamen, und den Raperswil sich ur=
kundlich als Eigenthum erworben. Der Kanton St. Gallen
sprach selben an aus hoheitsrechtlichen Gründen, unter=
lag aber mit seinen Begehren vor letzter Instanz (1840)[4]
und mußte eine Entschädigung von fl. 35,100 herausgeben.
Auch der Brückenzoll wurde durch die neue Bundesakte von
1848 aufgehoben, und die Benützung dieses Verkehrsweges
am 31. Januar 1850 freigegeben. Der Kanton St. Gallen
erhielt dafür eine jährliche Vergütung vom Bunde und
zahlte dagegen an die Ortsgemeinde jährlich fl. 3400,
als Resultat vieler Unterhandlungen.

---

[1] Für die Summe von Fr. 85,000.
[2] Im Jahre 1882 wurde diese Friedhofbaute bedeutend vergrößert.
[3] Siehe Geschichte der Stadt Raperswil bis 1803.
[4] Protokoll des Verwaltungsrathes.

War man so bestrebt, noch zu retten, was die Zeitströmung immer mehr in Frage stellte, so dachte man auch darauf, alte Lasten und Verpflichtungen ein= und auszulösen. Die Collaturen von Jona und Bollingen wurden, wie früher erwähnt, mit ihren Lasten losgekauft. Ebenso Wildberg, wo die Stadt das Patronatsrecht auch noch nach ¹ der Reformation bis 1833 ausgeübt hatte, durch Urkunde vom 11. April 1833. Die Spitalpfründe wurde durch bischöfliche Bewilligung mit der Stadtpfarrei verbunden (1834), der Sigristenhof zu Bußkirch von seinen Lasten ² befreit, und ebenso der Jonerhof, auf daß Rapperswil frei ³ über fragliche Grundstücke verfügen könne.

In Folge der Zeitverhältnisse trat übrigens die Bedeutung der alten Bürger=(Ortsgenossen=)schaft um so mehr in den Hintergrund, je freier die eidgenössischen und kantonalen Gesetze in Bezug des Stimmrechtes der Niedergelassenen sich gestalteten. Dasselbe erhielten durch die Bundesverfassung von 1848 und durch das kantonale Gesetz über Stimmfähigkeit vom 18. August 1859 alle Schweizerbürger in Angelegenheiten des Kantons und der politischen Gemeinden, und durch die Verfassung von 1861 wurden dann auch in Kirch= und Schulgemeinden stimmfähig alle Kantonsbürger, sowie alle niedergelassenen Schweizerbürger der betreffenden Konfession. Die hier Niedergelassenen stammten übrigens meist aus den Kantonen Schwyz, und vorzugsweise Zürich, so daß, indeß im Jahre 1803 der erste Reformirte sich hier ansiedelte, im Jahre 1880 Rapperswil 924 Seelen evangelischer Religion zählte. Das brachte selbstverständlich eine Umgestaltung

---

¹ Staatsarchiv Zürich.
² Mit einer Summe von Fr. 14,000.
³ Mit fl. 5200.
Diese Höfe hatten verschiedene Verpflichtungen in die Kirchen, wie die Stellung eines Sigristen, Spendungen an Oel u. s. w.

im Gemeindewesen, indem in politischen Versammlungen die Eingewanderten bald die Stammbürger an Zahl übertrafen. Die Letztern, wenn sie auch an allen großen Unternehmungen sich noch betheiligten, kümmerten sich wenig mehr für das politische Gemeindewesen, für Verschönerungen der Stadt und öffentliche Zwecke, sondern überließen fortan dieses der Einwohnergemeinde und machten sie dafür verantwortlich. Damit aber fiel die Bedeutung der Ortsgemeinde mehr und mehr dahin, namentlich da diese noch engherzig jede Aufnahme neuer Bürger zu verweigern begann, indeß das alte Raperswil gerade dadurch in früheren Zeiten gehoben und gekräftigt worden. Statt Männer, welche durch Kenntnisse, Einfluß und Kunst sich ausgezeichnet, um Weniges oder unentgeldlich in den Verband aufzunehmen, womit die Corporation stets auf zeitgemäßer Höhe sich gehalten, und womit selbe auch immer einen überwältigenden Einfluß auf die fremden Elemente geübt hätte, wies man in spießbürgerlicher Beschränktheit seit langem jeden zurück, der selbst um hohe Summen sich einzukaufen suchte, ganz entgegen dem Geiste, der ehedem in der Republik, zur Zeit ihrer Blüthe, geweht. Neubürger, welche jedoch ohne Antheil am Genossengut geblieben, brachten einzig noch das kantonale Gesetz über Einbürgerung der Heimathlosen vom Jahre 1835, und das dahin bezügliche eidgen. Bundesgesetz von 1850. [1]

Seit 1855 zeigen die Bürgerregister keine neuen Zuflüsse mehr, wohl aber manche ausgestorbene Geschlechter, und das Ortsgemeindegut, ursprünglich und Jahrhunderte hindurch vorab für die Bestreitung öffentlicher Bedürfnisse bestimmt, wurde mehr und mehr nur noch als ein unveräußerlicher Familienfond angesehen, den zu äufnen, Aufgabe der Verwaltungsbehörde ist. Gleichwohl darf nicht

---

[1] Durch diese hoheitlichen Verfügungen erhielt Raperswil die Geschlechter Schwarz, Nobel, Bopert und Brunner.

verkannt werden, daß die Ortsbürgerschaft für die neuen Verkehrswege große Opfer gebracht, und noch manch Schönes und Gutes förderte. Darunter zählen wir die Erbauung des Spitals, oder eigentlich Armen- und Waisenhauses.

Die ursprüngliche Bedeutung des Spitals, um arme Wallfahrer zu pflegen, Kranke und Gebrechliche aufzunehmen, war längst dahingefallen, wenn auch der Name geblieben. Herzog Albrecht hatte 1354 dazu den Grundstein gelegt — aber die vielen Gebäulichleiten, die er umfaßte, waren alt und morsch geworden, und verunstalteten auch die Stadt gerade an einem der belebtesten Punkte, sowie sie eine zeitgemäße Einrichtung und Ordnung verunmöglichten. Man beschloß daher, einen Neubau aufzuführen, dem Zwecke entsprechend und der Stadt zur Verschönerung. Die feierliche Grundsteinlegung erfolgte unter Glockengeläute, im Beisein sämmtlicher Behörden, den 24. April 1843, eingesegnet nach schöner alter Sitte, nach der vorerst der Segen von Oben für jedes Werk erbeten wurde, durch das Stadtpfarramt. Die Kosten, ohne Mobiliar, beliefen sich auf fl. 22,750.

Beim Graben der Fundamente stieß man auf Fache (Hürden), weil in frühern Zeiten der See weit in die Stadt hineinreichte, und damals hier noch der Fischfang betrieben wurde. Ferner zeigten sich noch eine Menge verbrannter Steine, Gemäuer und Kohlen, ohne Zweifel Reste der durch Bürgermeister Brun zerstörten Stadt.

Das neue Gebäude wurde dann später vermehrt (1862) durch verschiedene Nebengebäude, welche das Ganze vervollständigten, und eine weitere Ausgabe von Fr. 27,000 erheischten. Die früher bestandene Spitalkirche wurde nicht wieder aufgeführt, dagegen eine Hauskapelle errichtet, wo längere Zeit Samstags für Kranke und Altersmüde ein Gottesdienst gehalten worden.

Es machte sich aber auch in Raperswil immer mehr ein erfreulicher Aufschwung bemerklich, wenn auch der Ort noch lange nicht auf der Höhe steht, wozu seine Lage und Umgebung berechtigen. Zur Hebung des Verkehrs trug vorerst Vieles bei die Errichtung der Dampfschifffahrten zwischen Zürich und Raperswil. Die „Minerva", das erste Dampfschiff auf dem Zürichsee, langte in Raperswil an am 20. Juli 1835, unterm Jubel der von ringsum herbeigeströmten Volksmenge und dem Donner der Kanonen. Festessen, Gedichte verherrlichten ein Fest, welches man als den Eingang einer glücklichen Periode freudig begrüßte. Ihm folgten später andere („Stadt Zürich 1856", „Stadt Raperswil 1858" u. s. w.). Zu diesen Freuden und wirklichen Volksfesten kam im Mai 1866 das „kantonale Schützenfest". Ganz Raperswil und Umgebung war in Feststimmung; Schützen von Nah und Fern trafen zusammen, sich im Spiele zu üben, auf die Tage des Ernstes und der Gefahr. Die Begeisterung für Freiheit und Vaterland, die Freuden geselligen Beisammenseins konnten auch die steten Regengüsse nicht mindern. Mit Jubel hatte das Fest begonnen, mit Jubel wurde es beendigt.

Aber die Schattenseiten blieben, wie im Leben des Einzelnen, auch hier nicht aus. Unter den Gebäuden aus alter Zeit, wo die Bürger ihre schönen Feste und Gelage hielten und zugleich sich in Waffen übten, war ihnen vor allen ehrwürdig das Schützenhaus mit seiner zauberhaften Umschau, hoch auf dem Plateau der Burg gelegen, das zugleich der Stadt den Abschluß gab, und zu ihrer Romantik wesentlich beitrug, und wo in neuerer Zeit (9. Mai 1836) die helvetische Gesellschaft in ihrer Blüthezeit jene begeisterte Sitzung hielt, sich erhebend gegen die Dictate des Auslandes, welche infolge der unterdrückten Revolutionen gegen die in der Schweiz Asyl suchenden Flüchtlinge in unerhörter Weise und mit frechem Uebermuthe erlassen wurden. Aber was die Zeit geboren — zerstört sie auch und reißt nicht selten Denkmale, an denen die freudigsten Erinnerungen hafteten, wie Kartenhäuser ein. Am 14. Febr. 1866, Morgens früh, als die Bevölkerung Raperswils noch in tiefem Schlafe ausruhte von den Freuden des Faschings, weckten die Sturmglocken. Das Schützenhaus stund in Flammen, die sich, trotz aller Hilfe, des ganzen Gebäudes bemächtigten, und der grauende Morgen sah nur noch die ausgebrannten Mauern, in denen einst die Raperswiler sich gegen äußere Feinde vertheidigten, in Tagen des Friedens aber ihre Freuden fanden. Das Theater, eine Bildungsstätte für die Jugend, eine Unterhaltung für Alle; der schöne Schützensaal mit seinen Fresken und antiken Getäfer und Schrank, die Wappenbilder seit Jahrhunderten — Alles lag in Asche, Gluth und rauchenden Trümmern. Der Bau hatte 260 Jahre allen Stürmen und Elementen Trotz geboten — der Nachlässigkeit, oder dem bösen Willen der Menschen, konnte er nicht widerstehen! Zu bedauern bleibt, daß die Ortsgemeinde, in übel verstandener Sparsamkeit, ohne Sympathie für das Alte und ohne Rücksicht auf Abrundung, welche Stadt und Burg am Schützenhause gefunden, den Bau nicht wieder erstellte, sondern die öden Mauern stehen ließ, bis die Witterung selbe morsch und reif zum Abbruche machten. Ihr Schutt bedeckt ein schönes Blatt Raperswiler Geschichte. Auf dessen Stelle errichtete dann Graf Plater den polnischen Adler auf einer Säule, als polnisches Nationaldenkmal. Die schweizerische Luft duldete den fremden Adler nicht; nachdem der Sturm die Säule mehrmals entzweigebrochen, und der Repräsentant der polnischen Flüchtlinge, Graf Plater, 1869 zur Errichtung eines Museum's polnischer Alterthümmer das Schloß auf 99 Jahre erworben, wogegen er Erdgeschoß und erstes Stockwerk gänzlich umbaute, wurde das Monument in den Schloßhof versetzt. Das Museum selbst wurde durch die in der Schweiz wohnenden Polen den 23. Oktober 1870 feierlich eröffnet. Wo ehedem die Grafen Raperswils sich des Lebens freuten, wo später Sträflinge in Ketten seufzten — da sucht und findet jetzt der vaterlandslose Pole die Erinnerungen an sein schönes, aber verlorenes Heimathland! So sonderbar kreuzen sich der Menschen Geschicke.

Wie im Jahre 1842 (23. Mai) die Vereine vom Zürichsee ihr Sängerfest in Raperswil abgehalten bei herrlicher Witterung und gehobener Feststimmung, an welchem damals neben Zürich auch die Kantone St. Gallen, Glarus und Zug theilgenommen, so wurde hier auch (1866) das eidgenössische Sängerfest begangen. Am 21. Juli, vom Festjubel getragen, rückte die eidgenössische Sängerfahne ein. Die Stadt prangte in hochzeitlichem Schmucke, die ganze Bevölkerung bethätigte sich, die Gäste aus allen Gauen der Eidgenossenschaft auf's Beste zu empfangen. Prächtig verziert war die in der Seewiese aufgerichtete Sängerhütte, und vor der Stadt und durch die Stadt waren Straßen, Häuser und Gassen auf's schönste geschmückt. Beim herrlichsten Wetter, mitten in feenhafter Gegend, im Angesichte der herrlichen majestätischen Gebirge, und umspült von den Wogen des lieblichen azurblauen See's, lachte Alles den Sängern freundlich entgegen. Aber beim Zug durch die Stadt, am Rathhause vorbei, empfing sie aus dessen Fenstern ein Qualm von Rauch und Feuer. Das Rathhaus brennt, verursacht durch einen ruchlosen Sträfling, der im Gefängnisse allda, aus Rache oder Sorglosigkeit, sich selbst der größten Gefahr ausgesetzt hatte. Der Sänger Zug löst sich auf, Alles rettet, flüchtet, hilft. Ein entsetzliches Gluthmeer legt den Dachstuhl und die obern Räume in Schutt, und die aufgehißten Festfahnen leuchten zum Brande. Endlich konnte man des Feuers sich bemächtigen, die Gefangenen wurden gerettet, aber einer der Retter büßte seine Menschlichkeit durch einen unglücklichen Sturz von der Leiter; er starb den schönen Tod des Opfers für den Mitmenschen. Seine Genossen erschienen mit Flor umhängter Fahne an dem nachher so schön verlaufenen Feste. Die ganze Nacht durch bethätigte man sich, Schutt und Asche wegzuräumen, und wirklich sah der Morgen des 22. Juli Alles wieder so geordnet, als wenn ein Brandunglück schon vor vielen Wochen stattgefunden hätte. Nichts störte weiter den Genuß der schönen Tage, welche die Schweizersänger hier genossen und deren Andenken noch lange fortdauern wird. Tage der Eintracht, der eidgen. Brüderlichkeit, geselliger Freude, wo die eidg. Bürger aus fernstem Westen wie aus Ost, Süd und Norden sich als Glieder einer Familie fühlten. Nachdem die Sänger verschwunden, feierten noch die Einwohner Raperswil's, der Entflohenen freudig gedenkend. Wie Schade, daß hiebei das Rathhaus zum Opfer fiel! 395 Jahre hatte der Bau an sich vorübergehen sehen, ein Deutschpole äscherte ihn zum Theile ein. Der große Rathssaal, in dem 1855 die neuen Fenster und Glasgemälde erstellt worden, blieb theilweise gerettet und das Gebäude wurde dann im August 1866 wieder aufgerichtet und 1872 vollendet, blieb aber hinter dem ursprünglichen Bauwerke in architektonischer Beziehung weit zurück. Mit gerechter Wehmuth sah der Bürger auch noch die Zerstörung dieses alten Monumentes, welches Zeuge war von so viel Freuden, so viel Leiden der Stadt, wo alle wichtigern Ereignisse der alten Republik ihren Widerhall gefunden, wo Rath und Bürger tagten, stolz auf ihre Freiheit und ihren Opfersinn.

Wir haben nun wieder einen Blick zu werfen auf die allgemeinen kantonalen Verhältnisse in Kirche und Staat. Das Doppelbisthum Chur = St. Gallen befriedigte weder

---

[1] Die Gefängnisse, deren eines von dem Uebelthäter in Brand gelegt worden, wurden dann 1870 aus dem Rathhause entfernt und dafür von der polit. Gemeinde ein eigener Bau aufgeführt, vide „Revision der Ausscheibung vom 2. Febr. 1836".

Laien noch Priester, und als der 73=jährige Carl Rudolf, der 86. Bischof von Chur, am 23. Oktober 1833 mit Tod abgegangen, hielt man die Gelegenheit für Aenderungen gekommen. Am 28. Oktober gl. J. beschloß daher das katholische Großrathscollegium, weil die Gründungsbulle vom Großen Rathe nie bestätigt worden sei, hätte sie keinen rechtlichen Bestand (was aber leerer Vorwand gewesen, indem der Regierungsrath, nach erhaltener Vollmacht vom¹ Großen Rathe, die Bulle am 24. April 1824 genehmigt hatte), im Weitern wurde beschlossen: es sei eine fernere Bischofswahl für Katholisch = St. Gallen nicht mehr zuzugeben, und wählte am 20. November Joh. Rep. Zürcher zum „Bisthumsverweser", indeß man fruchtlos ein schweizerisches Erzbisthum oder Anschluß an ein auswärtiges Erzbisthum im Verein mit andern Kantonen anstrebte. Gegen die Beschlüsse des kathol. Collegiums protestirte Rom und wählte den Domherrn J. G. Bossi zum Bischofe von Chur und St. Gallen, 1835. Am 24. April gl. J. besammelte sich abermals das kathol. Collegium, erhob Protestation gegen die Wahl Bossi's und erklärte das Doppelbisthum abermals als ungültig.

Nachdem dann aber der katholische Große Rath am 5. August 1835 im vollsten Widerspruch bisheriger Beschlüsse, alle jene Verfügungen vom 28. Oktober 1833 zurückgenommen, jedoch Unterhandlungen für ein eigenes st. gallisches Bisthum anzubahnen sich erklärte, war Rom befriedigt und sprach endlich den 23. März 1836 die Trennung der beiden Diözesen aus, unter Ernennung des Joh. Pet. Mirer, Pfarrer in Sargans, zum „apostolischen Vicar".

Das das Schicksal und die kurze Lebensdauer des Chur=St. Galler Doppelbisthums. Wie die bezügliche päpst=

---

¹ Müller v. Friedberg, Annalen.

liche Bulle vielleicht die einzige war, welche vom Staate angenommen, sogar erbeten war, so wurde selbe ebenso ¹ einseitig, eigenmächtig, ja verächtlich zernichtet.

Nun erst erfolgte der vieljährige Streit über die Errichtung eines eigenen Bisthums oder Anschluß an ein Anderes, worunter namentlich Basel betont wurde, indeß die Frage eines schweizerischen Erzbisthums längst im Sand verlaufen war und nicht mehr in Frage kam. Die Unterhandlungen mit der Nuntiatur in Luzern fanden statt, ohne aber zu einem Abschluß zu kommen, und der Papst erklärte, 1840, daß er den Anschluß an ein anderes Bisthum nicht gestatte und auf Errichtung eines eigenen st. gallischen Bisthums verharre. Der Kampf für und gegen das Bisthum, für und gegen einen Anschluß entbrannte im Kanton immer mehr und die Parteien bekämpften sich auf's heftigste, Druckschriften für und gegen schürten das Feuer. Zum Ziele zu kommen wurde eine ² persönliche Abordnung nach Rom gesandt, um die vielen obwaltenden Schwierigkeiten zu beseitigen. Am 21./23. Oktober 1844 wurde dann eine „Uebereinkunft mit dem hl. Stuhle über Reorganisation des Bisthums St. Gallen" vom kathol. Großrathscollegium angenommen, vom Staate aber, der Sanktion vorgängig, bezüglich der Bischofswahl, nach langem Kampfe im Großen Rathe, das Placet des Staates verlangt, was Rom endlich gestattete, wornach dann am 11. März 1847 dem Bisthums-Concordate vom 12. April 1847 die staatliche Genehmigung ertheilt worden. Der apostolische Vicar Mirer wurde vom Papste zum st. gallischen Bischofe ernannt und am 29. Juni 1847 durch den Nuntius Macciotti feierlichst installirt. Tantæ molis ³ erat! Zu diesen kirchlichen Fehden, welche die ganze st.

---

¹ Müller v. Friedberg, Annalen.
² Administrationsraths-Präsident Leonh. Gmür.
³ So viel der Mühen brauchte es!

gallische Bevölkerung heftig erregten, gesellten sich, die Parteien immer mehr zu alteriren, weitere Streitigkeiten. Vorerst waren es die „Rechte des Staates in kirchlichen Dingen", wozu der Raperswiler Pfarrer Christoph Fuchs den Anstoß gegeben, durch eine neu herausgegebene Schrift des Luzerner Felix Balthasar, „de Helvetiorum juribus [1] circa sacra", womit er seine Bestrebungen für Neuerungen in der kathol. Kirche eher zu verwirklichen hoffte, und auch damit in mehrern Kantonen Anklang fand, so daß am 20. Januar 1834 Vertreter von Luzern, Bern, Solothurn, Baselland, St. Gallen, Aargau und Thurgau in Baden zusammen traten, welche beschlossen, das Bisthum Basel zu einem schweizerischen Erzbisthume zu erheben, welchem die übrigen Bisthümer der Schweiz einzuverleiben seien, oder aber, wenn das nicht zu erreichen, solle man sich an auswärtige Erzbisthümer anschließen; weiters verlangte man Abhaltung von Synoden, Placet gegen päpstliche und bischöfliche Erlasse, Beschränkung geistlicher Gerichtsbarkeit in Ehesachen, Gewährleistung gemischter Ehen, Verminderung der Feiertage, Eid der Geistlichen an die Staatsbehörden u. s. w.

Der st. gallische Große Rath nahm diese sogenannten „Badener Konferenz-Artikel" an, indem er einen bezüglichen Gesetzeserlaß dekretirte, gegen den aber das Veto ergriffen und der vom Volke mit 18,421 gegen 14,355 Stimmen verworfen, vom Papste als akatholisch erklärt wurde.

Die Erbitterung, welche solches Vorgehen bei den Katholiken St. Gallens hervorgerufen, wurde gemehrt durch die Auflösung des Klosters St. Wiboraba in St. Georgen, welches zwar schon im Jahre 1809 aufgehoben, dessen Frauencorporation aber dorten belassen worden. Noch mehr

---

[1] Kurzer historischer Entwurf der Freiheiten und der Gerichtsbarkeit der Eidgenossen in sogenannt geistlichen Dingen.

aber trug zu den kantonalen Wirren bei das Kloster Pfäfers. Dessen Disziplin war seit lange her locker geworden, und in selbem bildete sich eine Partei, welche die Auflösung klösterlichen Verbandes anstrebte, und erreichte, daß am 9. Januar 1838 das versammelte Capitel den Papst um Säcularisation anging, worauf das kathol. Collegium am 5. Februar gl. J. die Aufhebung des Klosters beschloß, womit Abt und Convent sich einverstanden erklärten. Nun trachtete aber der Staat sich dieser Erbschaft zu bemächtigen und erklärte deshalb der Große Rath am 20. Febr. 1838 das Eigenthum aufgehobener Klöster als Staatsgut, indeß die Minderheit selbes nur als katholisches Gut, daher nur dem kathol. Kantonstheile zugehörend, betrachtete, wie ja seiner Zeit auch das Gut des Klosters St. Gallen, des Frauenklosters Schänis und des Klosters St. Wiboraba, soweit es kirchliches Vermögen gewesen, dem kathol. Confessionstheile überliefert worden sei. Das machte nun wieder böses Blut bei den Katholiken und die Spaltung immer größer, und nun auch noch genährt durch eidgenössische Konflikte, indem Aargau entgegen der eibgen. Bundesverfassung sämmtliche Mönchsklöster aufhob und deren viele Millionen zu Staatszwecken verwendete, wodurch die Katholiken überall in ihren Rechten sich gekränkt fühlten, und welche Ereignisse dann die ganze Schweiz in Kampf riefen, die sich nunmehr fieberhaft in zwei Parteien theilte.

Als diese politischen Wogen so hoch stunden, fanden sie auch, wie immer, in der Stadt der zwei Rosen vorzugsweise ihren Boden und die gegenseitige Mißstimmung erreichte hier wie überall ihren Höhepunkt, als im Großen Rathe die Parteien sich so ziemlich das Gleichgewicht hielten, das eine Wahljahr diese, das Andere jene um ein paar Stimmen im Vortheile, oder gar sich ganz gleich stunden. Die Aufregung ging noch weiter, als, nachdem Luzern die Jesuiten berufen, am 8. Dezember 1844, am

31. März und 1. April 1845 sich Freischaarenzüge sammelten, in diesen Kanton einfielen, um dasige Regierung zu stürzen, aber besiegt und in die Flucht geschlagen oder gefangen wurden. Die Folge war, daß die alten V Orte Uri, Schwyz, Unterwalden, Luzern und Zug, denen später auch Wallis und Freiburg 1844/45 beigetreten, einen Separatbund, „Sonderbund" genannt, zur Wahrung der Rechte der kathol. Konfession und zur Aufrechthaltung des 1815er Bundesvertrages, bildeten. Auch in der Tagsatzung bekämpften sich nun die verschiedenen Ansichten auf unversöhnliche Weise, bis 1847, den 20. Juli, sich zwölf Stimmen einigten, um den Sonderbund als bundeswidrig aufzulösen, dann am 16. August stimmten dreizehn Stände für eine Bundesrevision und am 3. September für die Unverträglichkeit des Jesuiten-Ordens mit Ruhe und Ordnung im Lande. Die Sonderbundkantone aber kehrten sich nicht hieran, fuhren fort zu rüsten, sammelten Waffen und Geld. Die Hoffnung, daß ein vermittelnder Genius noch rechtzeitig aus den Irrsalen zu ächten Concordanzen hinführen werde, war umsonst, und es handelte sich nunmehr um Gewaltsmaßregeln zur Vollziehung des Tagsatzungsbeschlusses vom 20. Juli. Der st. gallische Große Rath instruirte am 13. Oktober nach dreitägiger heißer Redeschlacht in diesem Sinne, womit die nöthigen zwölf Stimmen für exekutorischen Vollzug vorhanden waren. Die Tagsatzung beschloß am 4. November 1847 ihrem Beschlusse zur Auflösung des Sonderbundes mit Waffengewalt Nachdruck zu verschaffen. Die ganze Schweiz war jetzt in Bewegung, in allen Kantonen wurde für und gegen den Sonderbund und die Jesuiten geschrieben, geredneret und gearbeitet, mit immer größerer Wärme und Leidenschaft, und namentlich kam jetzt der Kanton St. Gallen in exaltirte Stimmung.

Die Kunde, daß von Schwyz eine Besetzung der March und der Grenzen gegen die Kantone Zürich und St. Gallen angeordnet, ein schwyzerisches Bataillon in Lachen einge‍rückt und der Landsturm aufgeboten sei, bewirkte, daß auch St. Gallen, aufgeschreckt, und die öffentliche Ordnung in den st. gallischen Grenzbezirken an der Linth bedroht glau‍bend, Truppen aufbot und die Nachbarkantone zum eidgen. Aufsehen aufforderte.

In Alttoggenburg und Sarganserland fanden bei den aufgebotenen Compagnien Störungen statt und ebenso im Oberrheinthale, denn es wollte katholischen Bauerssöhnen und deren Vätern nicht einleuchten, daß sie gegen ihre Mitschweizer und Glaubensgenossen in den Krieg ziehen sollten. Wie in diesen Bezirken erging es auch im Seebezirk; und in Gommiswald, wo die Compagnie Custer (von Raperswil) und in Schmerikon, wo die Compagnie Büler (von ebenda) sich sammeln sollten, traf kaum die Hälfte der Mannschaft ein; die Erschienenen versagten den Gehorsam oder lösten sich unter gesetzwidrigen Einflüssen des übrigen Volkes 21./23. Oktober 1847 auf. Beide Compagnien bildeten sich erst wieder, nachdem eine Compagnie Artillerie nach Uznach und drei Toggenburger Infanterie-Compagnien in den Seebezirk beordert worden. Außerordentliche Unter‍suchs-Commissariate wurden allwärts aufgestellt, um gegen die Angeschuldigten einzuschreiten. Allmälig machte indeß die gereizte Stimmung im Volke ruhiger Ueberlegung Platz, und am 28. Oktober konnten die im Seebezirk aufgestellten 2700 Mann ohne weitere Unordnung beeidigt werden und marschirten mit den übrigen Truppen des Kantons am 1. November über die Grenzen. In Raperswil selbsten lagen während des Sonderbundkrieges meist Milizen aus den Kantonen Schaffhausen und Thurgau zur Grenzbe‍wachung gegen Schwyz.

Hatte diese politisch-religiöse Frage alle Gemüther auf‍geregt, so wurde der Unwille des Volkes noch gehoben durch die außerordentliche Theurung der Lebensmittel in

Folge Mißrathens der Kartoffelerndte und der von den Nachbarländern verhängten Getreidesperre, weßhalb nur mit größter Mühe Korn und Mais zu erhalten waren, und Raperswil durch Sparsuppenaustheilung seiner Einwohnerschaft aufhelfen mußte.

Nach verschiedenen kleinen Gefechten und dem Treffen bei Gislikon mit Ende November, hatten sämmtliche Sonderbundskantone sich unterworfen, und die Frucht davon war, daß überall freisinnige Regierungen, wenn auch nicht für lange, weil unter dem Drucke der Ereignisse gewählt, die Jesuiten aber aus der Schweiz verwiesen und 1848 eine neue Bundesverfassung angenommen wurde, wodurch die Tagsatzung und damit die bisherigen Vorrechte der kleinen Kantone in der Stimmgabe dahinfielen und dem schweizerischen Volke eine Repräsentation nach der Seelenzahl in dem Nationalrath gegeben wurde, den Kantonen aber eine Vertretung durch den Ständerath. Die Stimmgabe fand auch fortan ohne Instruktion statt.

Indeß die Schweiz ihre politischen Verhältnisse neu gestaltete und zwar jetzt ohne Beeinflussung fremder Mächte, brachen ringsum Revolutionen aus, deren traurige Folgen für die Eidgenossenschaft eine hartnäckige Getreidesperre Oesterreichs, wie oben angeführt, und eine alle Geschäfte lähmende Geldkrise waren.

Die Regierung St. Gallen's setzte nun aber den Untersuch über die geschehenen militärischen Meutereien mit einer Strenge fort, welche wuchs mit den eidgen. Siegen. Ueber 47 Bürger wurde Criminalverfahren verhängt, einzelne 2 bis 5 Monate in Haft gehalten, und doch konnte eine Verschwörung, ein verabredeter Aufstand nicht nachgewiesen werden. Klugheit der Regierung wäre es gewesen, vereinzelte, zusammenhangslose Vorgehen von Einzelnen kurz zu bestrafen, statt eine Riesenprocedur daraus zu gestalten und Mitglieder der Regierung zu herum=

wandernden Untersuchsbeamten zu stempeln. Am 2. August 1848 amnestirte dann der Große Rath sämmtliche Angeschuldigte unter der Bedingung, daß Beamte drei Jahre in Ausübung des Aktivbürgerrechtes eingestellt seien und daß der Kleine Rath die angeschuldigten Geistlichen beplacetiren und Offizieren ihre Grade entziehen könne. Ein Ausnahmsverfahren, das, weil nirgends durch Gesetze begründet, erbitterte statt abzuschrecken.

Nachdem die eidgen. Wirren abgesponnen, wendeten sich die politischen Parteien St. Gallen's mit neuer Kraft zum Kampfe auf eigenem Boden. Der Art. 22 der Verfassung von 1831 und die Beherrschung des Schulwesens bildeten den Erisapfel, um den man sich jetzt vorzugsweise stritt. Zum Zwecke zu gelangen, strebte jede Partei bei vermeintlich günstigem Winde Revision der Verfassung an, allein alle Versuche scheiterten bis 1861, wenn gleich die Errichtung einer „gemeinsamen Kantonsschule" und das „konfessionelle Gesetz vom 16. Juni 1855", wodurch alle Anordnungen kirchlicher Behörden der Genehmigung des Kleinen Rathes unterstellt wurden, und die Geistlichen nicht nur das Placet desselben einholen, sondern auch von ihm beplacetirt (abgesetzt) werden konnten, eine solche Unzufriedenheit unter die kathol. Bevölkerung gebracht, daß am 1. Mai 1859 die Mehrheit der Großrathswahlen zu Gunsten der kathol. Partei ausgefallen war, das erste Mal seit 1831; daher dann sofort bei großer Gespanntheit und Gereiztheit des Volkes die Revision betrieben und auch angenommen wurde. Fielen nun auch die Verfassungsrathswahlen (durch die Bezirksgemeinden nach dem Revisionsstatut von 1838) in gleichem Sinne aus, so wurde dagegen das neue Verfassungsprojekt nach großer Agitation am 28. Mai 1860 vom Volke verworfen. Auch die folgenden Wahlen vom Mai 1861 gaben für den Großen Rath dasselbe Resultat wie 1859. Doch sollte sich jetzt wieder bewahrheiten, daß alle menschlichen Einrichtungen auf unserer sublunarischen Kugel wechseln und schwinden, indeß überall nur die Gesetze sittlicher Weltordnung stetig bleiben.

Vierter Abschnitt.
Von der Verfassung des Jahres 1861 bis heute.

Die Erlebnisse der letzten Jahre hatten die radikale Partei gezwungen, alle erdenklichen Anstrengungen zur Abänderung des ihr ungünstigen Revisionsstatutes zu machen. Als am 3. Juni 1861 der neue Große Rath sich versammeln sollte, waren in der Stadt St. Gallen bei 2000 Mann aller Waffengattungen auf kommende Ereignisse gerüstet; Feldschützen hielten Wache im Schützengarten, und eine große Volksmenge, theilweise mit Stöcken bewaffnet, besetzte den Klosterhof. Um die Strömung zu beschwichtigen, suchte der Kleine Rath vor Eröffnung des Großen Rathes beiden Parteien eine Abänderung des bisherigen Revisionsstatutes beliebt zu machen, in dem Sinne, daß ein künftiger Verfassungsrath durch die **politischen** statt Bezirksgemeinden gewählt würde. Unter großer Aufregung des Volkes (Konservative wurden auf dem Klosterhof mißhandelt), verständigten einzelne Mitglieder beider Parteien (wodurch eine Majorität gesichert war) sich zu diesem Vorschlage, weßhalb dann die konservativen Führer, welche den Frieden ungewissen, vielleicht schweren und verhängnißvollen Folgen vorgezogen, als Verräther vielfach verdächtigt wurden. So konnte die Großrathssitzung des 3. Juni erst Abends

---
[1] Otto Henne-Amrhyn, Geschichte des Kantons St. Gallen.

halb 4 Uhr eröffnet werden. Das projektirte Revisionsstatut wurde angenommen, am 30. Juni abermalige Revision durch einen Verfassungsrath beschlossen und dessen Mitglieder am 28. Juli in den politischen Gemeinden gewählt. Die neue Verfassung, ein Werk gegenseitiger Concessionen, wurde am 17. November 1861 mit 27,191 gegen 984 Stimmen vom Volke zum Grundgesetz des Kantons erhoben. Es war die erste von einer wirklichen Volksmehrheit angenommene Verfassung des Kantons St. Gallen.

Die eine Partei erhielt ein ihr überaus günstiges Wahlsystem, sowie die Leitung und Aufsicht des öffentlichen Erziehungswesens durch den Staat — die andere ein ausgedehntes Veto und die Unabhängigkeit der Confessionen. Die bisherige Parität wurde auf die Regierung (welche an Stelle des bisherigen Kleinen Rathes getreten) und Gemeindsbehörden beschränkt. Statt des bisherigen unnatürlichen Veto wurde eine Volksabstimmung eingeführt, sobald 10,000 Bürger eine solche begehren und dabei kömmt nur die Zahl der wirklich Stimmenden in Betracht. Die Organisation der Confessionen wurde den Mitgliedern des Großen Rathes, welche nach Confessionen sich zu versammeln haben, unter Vorbehalt der Staatssanktion, übertragen, d. h. beide Confessionstheile geben sich ihre konfessionellen Organisationen selbst. Die Bezirksgemeinden wurden abgeschafft, und es wählten fortan die politischen Gemeinden Kantonsräthe, Gerichte und Bezirksammänner und zwar auf eine Dauer von 3 Jahren, die Amtsdauer übriger Behörden blieb sich gleich wie bisher, nur der Vermittler wurde ebenfalls auf 3 Jahre bestellt, Kantons- und Bezirksmilitärgerichte aufgehoben, indem darüber Bundesvorschriften maßgebend geworden. Das Wahlvorrecht der Stadt St. Gallen, als ganz undemokratisch, fiel dahin. Das Kantonsgericht wurde um zwei Mitglieder vermindert (auf 9 gestellt); das Erziehungswesen (und damit die gemeinsame

Kantonsschule) als Staatssache erklärt, beinebens die Freiheit des Unterrichts unter Vorbehalt gesetzlicher Bestimmungen, sowie der Fortbestand der katholischen und evangelischen Primarschulen in den Gemeinden gewährleistet.

Die freie Niederlassung aller Schweizerbürger im ganzen Umfange der Eidgenossenschaft hatte schon die Bundesverfassung von 1848 festgestellt und selbe wurden durch Gesetz vom 18. August 1859 auch stimm- und wahlfähig in Angelegenheiten des Kantons und der politischen Gemeinden und durch die Verfassung von 1861 ebenso in den Kirch- und Schulgemeinden ihrer Confession. Eine Verfassungsänderung wurde in Aussicht gestellt, sobald die absolute Mehrheit der Bürger eine solche verlangt — jedoch kann fortan das Volk auch nur einzelne Artikel derselben revidiren lassen, wodurch die staatliche Entwicklung für die Zukunft nicht nur gefördert, sondern auch in ruhigem Geleise gehalten wird.

Das sind die durch die neue Verfassung erfolgten wesentlichen Veränderungen gegenüber jener von 1831, nun [1] durchaus von demokratischem Geiste durchweht. Damit waren die Hauptfragen langjährigen Streites erledigt und es trat längere Zeit Ruhe in's politische Lager. Freilich schufen neue Anforderungen später neue Bewegungen, weil solche zur Erhaltung des Lebens eines Staates von der Vorsehung bestimmt sind, denn sie hindern die Stagnation, wie das frische fließende Wasser jene der Seeen.

Kehren wir nun wieder zur Stadtgemeinde Raperswil zurück. Wie schon bemerkt, war sie äußerst empfindlich für alle politischen Schwingungen. Ihre Bevölkerung theilte

---

[1] Die „Untergerichte" wurden abgeschafft durch die „Prozeßordnung für geringere bürgerliche Rechtsstreitigkeiten und Strafsachen vom 8. Februar 1866". An derer Stelle traten dann die „Gerichtscommissionen".

sich in die verschiedenen Parteigruppen, wodurch nicht selten alle gesellschaftlichen Verhältnisse getrübt wurden und offene Feindseligkeiten zu Tage traten. So kam es im Mai 1845 bei Anlaß neuer Gemeindrathswahlen zu einem Kampfe, der Alles in Mitleidenschaft zog. Damals bot der Kanton St. Gallen das seltene und unglückliche Bild, daß im Großen Rathe die Parteien zu 75 gegen 75 Stimmen sich gegenüber stunden und alle wichtigern Wahlen das Loos entscheiden mußte. Raperswil bot davon den Wiederschein, indem auch hier die politischen Parteien sich ziemlich ebenbürtig waren. Die fragliche Gemeinde, weil von dem Kleinen Rathe cassirt, hatte keine Folge. Nun gingen die gegenseitigen Anstrengungen in's Fabelhafte. Jeder Sieg einer Partei im damaligen Großen Rathe wurde in Raperswil von der oder jener Fraktion mit Begeisterung gefeiert. Völler krachten, Festessen wurden gehalten, die Bankette der Einen suchten die Andern zu überbieten, um Gunst und Anhang zu gewinnen. Die Stadt wurde heute von den, morgen von jenen Parteigängern illuminirt. Hatte die Sache ihre lächerliche Seite für Unbefangene, hatte sie auch eine ernste für die Betheiligten, denn die Leidenschaft wuchs immer mehr, Zwiespalt und Erbitterung pflanzten sich in alle Familien, und als dann in späterer Gemeinde das alte Regiment, die sogenannt Conservativen, gesiegt, konnte eine ungerechtfertigte Ausschließlichkeit in allen Aemtern und Bedienstungen nicht vermieden werden. Die kleine Gemeinde, welche einträchtig ihre Interessen wahren, die Fähigsten und Redlichsten zur Leitung ihrer öffentlichen Angelegenheiten hätte berufen sollen, war für lange in zwei feindliche Lager getheilt, von denen der gesunde Sinn gewichen, nur darauf bedacht, als Sieger den Platz zu behaupten. Im Wahljahr 1849 wiederholten sich diese Reibungen. Die Gemeinderathswahlen, im Sinne bisheriger Mehrheit ausgefallen, wurden abermals vom Kleinen Rathe

annullirt, die Agitation überschritt wieder alle Grenzen, alle
Mittel wurden aufgeboten und ruhige Ueberlegung mußte der
politischen Glühhitze weichen — aber der Sieg blieb diesmal
den radikalen Gegnern, die, wie ihre Vorgänger, die Tenne
rücksichtslos fegten. Es ist selbstverständlich, daß mit all
diesen Zwisten nicht nur der Friede für lange von der
Halbinsel geflohen, sondern auch etwas Erkleckliches nicht
mehr aufkommen konnte. Wenn die Leidenschaften sich der
Menschen bemächtigen, findet eben nichts mehr Anerkennung,
sie schreiten rücksichtslos über Alles hinweg, stoßen Gutes
wie Böses von sich, nur eines im Auge behaltend, Be=
friedigung ihres Wahnes.

Wie Vieles hätte mit gleichen Opfern, mit gleichen
Anstrengungen, in Eintracht Aller, für das Gemeindewohl
geschehen und erreicht werden können, indeß diese Händel
im eigenen Hause jedes bessere Aufstreben im Keime er=
stickten. Wie in Familien Streit und Mißstimmung das
Gedeihen nicht aufkommen lassen, sondern deren Ruin über
kurz oder lang herbeiführen, kann auch ein Gemeindewesen
nicht zur Blüthe kommen, wenn derer Bürger sich wegen
Parteianschauungen oder Aemterbesetzung leidenschaftlich be=
fehden und zu verdrängen suchen, vergeßend, daß die Men=
schen nicht geschaffen sind nach einer Schablone zu denken
und zu handeln, dagegen jeder die Ansichten des Andern
zu achten hat. Leider wird aber der Einzelne gewöhnlich
von der Zeitströmung fortgerissen und nur Wenigen ist es
gegeben sich über den Wogen zu halten.

Nachdem endlich Ruhe zurückgekehrt und man wieder
der Gemeinde Wohl über der Einzelnen Sonderinteressen
setzte, arbeiteten Gemeinde und Behörden auch wieder ein=
trächtig für Hebung und Emporkommen des Ortes. Es war
jetzt die Zeit, wo der Telegraph die Menschen nähern und
die Entfernungen aufheben sollte. In Folge dieser herr=
lichen Erfindung wurden 1852 die ersten Telegraphendrähte

in der Schweiz gespannt, und Raperswil beschloß schon am
29. Februar dieses Jahres ein eigenes Telegraphenbureau
zu errichten, welches fortan Jedermann den Verkehr er=
leichtern und vermitteln sollte. Mit der Gemeinde Jona
erbaute man eine neue, zweckmäßig angelegte Straße nach
Rütti, die Verbindung mit dem Kanton Zürich in dieser
Richtung zu erleichtern.

Der Stadt eine Zukunft zu schaffen, bedarf es aber
nicht blos der Eintracht, der Besonnenheit und eines ge=
setzten Carakters von Seite ihrer Einwohnerschaft, nicht
nur gastfreundlicher Aufnahme Fremder, sondern gut an=
gebrachter Verkehrswege nach allen Richtungen, als Begünsti=
gungen für Handel und Gewerbe. Dafür öffnete sich jetzt
ein ganz neues Feld in dem Streben nach Eisenbahnen,
das sich überall kund gab, die größten Entfernungen fast
aufhob, die weit entlegensten Länder gleichsam zusammen=
führte; eine Erfindung, welche anfangs wie ein Wunder
erschien und deren Wirkungen auch an's Zauberhafte
grenzten. Es brachte auch das europäische Eisenbahnnetz,
das nun reißend schnell durchgeführt worden, eine Umleg=
ung aller großen Verkehrsstraßen, wie sie noch nie erhört
worden, so lange die Welt steht. Wie die großen Städte
durch sie meist über alle Maßen belebt worden, so wurden
dagegen zahllose kleine Städte, blühende Flecken und Dörfer
dadurch dem Kränkeln, Abmagern und Absterben geweiht.
Diese geisterhaften Züge, welche die ungeheuersten Lasten
wie Kinderspielzeug fortbewegten, durchfurchten bereits die
größten Staaten Europa's, als die ersten Bestrebungen im
Kanton St. Gallen auf die Linien St. Gallen, Rorschach
nach Zürich und Basel und anderseits auf die Linie Basel,
Zürich nach Chur gerichtet waren. Der Große Rath be=
willigte für diese verschiedenen Schienenstrecken im Jahre
1852 sechs Millionen. War diese Leistung für den Kanton
eine großherzige, so war es im Verhältniß der Kräfte nicht

minder die Betheiligung der Stadt Raperswil an der sogenannten „Südostbahn" (Rorschach über Sargans nach Chur und von Sargans über Wallenstadt nach Raperswil, mit Verzweigung von Weesen nach Glarus). Die politische Gemeinde zeichnete 13. März 1853 Aktien für Fr. 200,000 und die Ortsgemeinde am 30. März solche für Fr. 50,000. Die „Südostbahn" vereinigte sich dann, 4. Sept. 1856, mit der St. Gallisch-Appenzellischen- (von Rorschach über St. Gallen, Wyl nach Winterthur) und der Glatthalbahn (von Raperswil über Uster nach Wallisellen zum Anschluß an die Nordostbahn) unter dem Namen „Union Suisse" oder „Vereinigte Schweizerbahnen".

Die feierliche Eröffnung dieser ersten in Raperswil einmündenden Bahn (Raperswil-Wallisellen und Raperswil-Chur und -Glarus) fand statt den 14. Februar 1859 unter allgemeiner Theilnahme. Die ganze Stadt war geschmückt mit Fahnen, Wimpeln, Teppichen; von den altersgrauen Thürmen grüßten riesige Flaggen, alle Häuser stunden in bräutlichem Schmucke. Trompetenton, Geschützesalven, Jubelrufe überboten sich. Durch alle Straßen wogte eine unabsehbare Volksmasse, sich Bahn brechend durch überall angebrachte Triumphbogen mit Inschriften, Kränzen, Guirlanden. Der ganze Bahnhofplatz glich einem feenhaften Garten. Fremde und Einheimische durchzogen die Stadt mit klingendem Spiele, in langem Zuge, voran die Abgeordneten der Kantone Glarus, Graubünden und St. Gallen mit ihren Standesweibeln, dann die Direktion der Eisenbahn mit ihrem Stabe, worauf die Behörden der Stadt und alle geladenen Gäste von Nah und Fern und dann eine zahllose Menge Volkes sich anschlossen. Die Begeisterung, der Taumel des Festes steigerten sich von Stunde zu Stunde, was Leben hat fühlte Freude. Jubel, Musik Donner der Mörser, Lebehoch und Klang der Gläser, allgemeine Heiterkeit und der ungetrübteste Frohsinn, sie dauerten bis weit in die Nacht. Nur ungern schieden die fremden Gäste, als die schnaubende Lokomotive sie fortgetragen nach Osten und Norden. Es war ein herrlicher Tag für Raperswil, gehoben durch die Hoffnung einer glücklichen Zukunft, welche diesem Ereignisse folgen sollte!

Aber nicht nur hier zeigte die Stadt ihre Opferwilligkeit. Sie betheiligte sich überall, wo Fortschritt, Aufschwung von Handel und Gewerbe, Verkehr und Hebung desselben in Aussicht stunden. Für die ganze Schweiz war jetzt die Zeit der Eisenbahnen gekommen, überall strebte man darnach, Städte und Länder durch Schienenwege sich zu nähern. Schon unterm 22. August 1858 beschloß die politische Gemeinde sich auch bei der projektirten „Ostwestbahn" (von Bern über Luzern und Zug nach Raperswil) mit Fr. 200,000 zu betheiligen. Dieselbe kam aber Mangels des benöthigten Capitals nicht zu Stande. Dann, am 24. August 1873, zeichnete die Gemeinde Raperswil Fr. 125,000 an die „rechtsufrige Zürichseebahn" (Zürich, Meilen, Stäfa nach Raperswil). Als dann aber der schon begonnene Bau, Folge der finanziellen Mißwirthschaft der Nordostbahn eingestellt werden mußte, erhielt die politische Gemeinde jene schon einbezahlte Summe zurück.

Ueberall seine Nachbargemeinden an sich zu ziehen, unterstützte Raperswil auch Bahnstrecken, welche nicht direkte hier einmündeten, der Stadt selbst wenige Vortheile bieten konnten, so die Toggenburgerbahn, Wyl=Ebnat (1867) mit Fr. 5000 und die Bahn Rütti=Wald (1871) mit Fr. 15,000. An den Alpenpaß über den Lukmanier, der aber dann nicht zur Ausführung kam, zeichneten (1865) politische und Ortsgemeinde Fr. 25,000.

Stets freigebig und opfernd, wo es sich um enger oder weitere Interessen der Ortschaft handelte, wandte die Stadt seit Dezenien ihre Blicke nach Süden, eine feste, sichere Verbindung mit dem gegenüber liegenden Ufer, mit ben Kantonen Schwyz und Zürich, anstrebend. Das konnte einzig erreicht werden durch eine Dammbaute, da eine hölzerne Brücke dem jetzigen Verkehre auf keine Weise mehr genügen konnte, der ohnedies durch Freigebung des Zolles ganz andere Dimensionen angenommen. War diese Brücke einst ein staunenswerthes, herrliches Werk, hatte doch die Zeit sie überflügelt, indeß eine Dammstraße für Raperswil gleichsam eine neue geographische Lage gestalten konnte. Schon im Jahre 1840 ließ man bezügliche Pläne fertigen, sandte 1843 eine Abordnung nach Schwyz zur Unterhandlung mit dortiger Regierung, hielt Conferenzen mit den „Höfen", als Nächstbetheiligten. Allein zu einem Ziele [1] konnte man nicht kommen. Die March, die Gemeinden am obern See gelegen, fürchteten Stauung des Wassers und dadurch eigene Gefahr, sogar die Linth-Commission und der Kanton Zürich machten Einsprachen und vereitelten das Werk. Mit Freuden begrüßte man daher die Gründung einer „Zürichsee-Gotthardbahn" (von Raperswil über Pfäfikon nach Brunnen), welche sich am 21. Januar 1875 konstituirte. Wir werden auf die mehrjährigen, von vielen Hoffnungen, Freuden und Schmerzen durchkreuzten Arbeiten zurückkommen.

Inzwischen erwähnen wir, daß man auch in andern Richtungen zur Verschönerung und Belebung Raperswils nicht unthätig geblieben. Damit im Jahre 1861 ein Zeughaus und Munitionsmagazin von der Eidgenossenschaft hier erbaut werde, kaufte die politische Gemeinde den benöthigten Boden an, und es diente jenes nicht nur für Aufbewahrung von Geschützen; im Jahre 1871, nach dem deutsch-französischen Krieg, wurden von den über die Schweizergrenze geflüchteten Franzosen 779 Mann allda für längere Zeit einquartirt und verpflegt, und fanden sich wohl in

---

[1] Protokoll des Gemeinde- und Verwaltungsrathes.

dieser Zufluchtsstätte, gern gelitten von der Bevölkerung, welche Mitleid fühlte für die unglücklichen Krieger.

Im Jahre 1864 (August) fand in Raperswil eine Gewerbeausstellung statt, um durch tüchtige Arbeiten den Handwerker auch in den Nachbargemeinden zu empfehlen und den Eifer des Handwerks, das immer auf goldenem Boden ruht, wenn der Handwerker Fleiß mit Kunst und Verständniß zu verbinden weiß, zu kräftigen und zu heben. [1] Daß der Bürger wisse, welche Zeit es sei, und nie vergesse, daß die Menschen, Gemeinden und Staaten auch mit dem Stundenschlag vorwärts eilen müssen — wer ja zu spät kommt, hat überall das Nachsehen — wurde 1868 eine neue Thurm=(Stadt=)Uhr erstellt; an der neuen Straße nach Jona eine Allee von Bäumen, zur Zierde gepflanzt. Zur Unterhaltung von Fremden und Einheimischen errichteten 1872 Privaten einen Park mit Rehen und Dammhirschen. Erstern sagten Luft und Nahrung nicht zu, sie mußten aufgegeben werden, um so freudiger gediehen letztere und sie bilden heute noch eine Erinnerung an die Entstehung der Stadt. War es ja, nach der Sage des Chronisten Math. Rickenman, eine Hinde (Hirschkuh), welche [2] mit zum Baue Veranlassung gab. Wenn auch heute nicht in Freiheit, wie damals, führen die niedlichen Thiere ein behagliches Leben auf einem der schönsten Punkte Raperswils. Dazu kam 1873 noch eine Schwanenkolonie, welche den See durchfurcht.

Die drei Kantone Zürich, St. Gallen und Schwyz errichteten 1873 den Dreiländerstein, einen Obelisken, an der Stelle, wo ihre Grenzen sich berühren. Er ragt unterhalb der früheren Seebrücke, in der Nähe des schwyzerischen

---

[1] Protokolle des Gemeinde= und Verwaltungsrathes.
[2] Siehe Geschichte der Stadt Raperswil, von ihrer Gründung bis 1803, von X. Rickenmann, II. Auflage.

Ufers, auf 12 Fuß im Durchmesser haltendem Sokel, 25 Fuß hoch aus den Wellen.

Wie es der Stadt zur Ehre gereicht, wenn deren Einwohner zu den höchsten Amtsstellen im Kanton berufen werden, so bezeugte sie auch lebhafte Freude, als einer[1] ihrer Bürger, Carl Greith, Doct. Theologiæ, am 11. September 1862 den Bischofsstuhl des Kantons bestieg, ein Mann von hervorragender Wissenschaft und Gelehrsamkeit.[2]

Ein Werk, besonderer Erwähnung werth, mit einem Kostenaufwand von mehr denn Fr. 60,000, war die neue Quellenfassung[1] und Leitung des Stadtbrunnenwassers, begonnen 1865. Die Quellen der städtischen Brunnen finden sich in der sogenannten Tägernau, bereits eine Stunde entfernt. Von verschiedenen Seiten fließt das Wasser in einer Thalmulbe zusammen und bildet dann eine sehr reichhaltige Quelle. Die bisherige Leitung bestund aber in offenen Gräben wodurch das Wasser häufig verunreinigt und allen Einflüssen der Witterung, namentlich der Winterkälte wie der Sommerhitze, ausgesetzt war. Ebenso brachten Regengüsse stets eine Menge Unreinigkeiten in dasselbe, was auch durch das weidende Vieh der Fall war, und durch eine Stauung

---

[1] Gemeinderathsprotokoll.
[2] Unter dessen vielen literarischen Schriften erwähnen wir hier nur dessen ausgezeichnetes Werk über „Deutsche Mystik im Predigerorden" und die „Geschichte der altirischen Kirche und ihrer Verbindung mit Rom, Gallien und Allemannien".

Dieser ausgezeichnete, weithin über die Grenzen seines Vaterlandes bekannte Prälat ward geboren im Mai 1807, erhielt in Paris, wo er seine höhern Studien vollendete, die Priesterweihe, im Seminar zu St. Sulpice; ging später im Auftrage der englischen Parlamentskommission für Alterthumskunde nach Rom, wo er zwei Jahre wissenschaftlichen Forschungen oblag, starb dann, nachdem er stets in Wort und Schrift für die Interessen der kathol. Kirche im Kampfe gestanden, den 17. Mai 1882.

ob der Quellenfassung bildeten sich bei warmer Witterung Infusorien, der Gesundheit schädlich. Diesen Uebelständen wurde nun abgeholfen durch eine technisch ausgeführte Leitung der vielen kleinern Quellen mittelst eisernen Röhren in einen Hauptwasserbehälter. Da von diesem an die weitere Leitung bisher durch hölzerne Teuchel geführt war, derer ein Theil sich beständig im Wasser, ein anderer in hoher Lage befand, ausgesetzt den Einflüssen der Feuchtigkeit, des Temperaturwechsels und der Düngung — wurden auch diese durch eine eiserne Röhrenleitung ersetzt, womit das Gefäll derselben eine gehörige Regulirung erhielt und dadurch an Wassermenge so viel gewonnen wurde, daß in der Folge eine große Zahl Privatbrunnen abgegeben werden konnte. Raperswil erhielt nunmehr ein vorzügliches, immer gleich temperirtes Trinkwasser, und es ist diese Leistung in sanitarischer Beziehung von unschätzbarem Werthe!

Wie oben erwähnt, beabsichtigte man schon im Jahre 1840 statt der Brücke einen Damm von Raperswil nach Hurden zu erstellen. Auch die Regierung des Kantons, wohl einsehend, daß das bisherige Verbindungsmittel nicht mehr genüge, drang gleichfalls dahin, und drohte mehrmal mit Entzug der jährlich abzuherrschenden Zollauslösungsquoten, wenn diese nicht für Erstellung eines Seedammes verwendet würden. Die Behörden Raperswils blieben übrigens nicht müßig stehen; Gemeinde- und Ortsverwaltungsrath arbeiteten an der Verwirklichung seit 1857 stetig fort; wählten größere Ausschüsse, mit Beizug von Männern aus der March, Richterswil und Wädenschwil. Man verhandelte, projektirte, unterhandelte, aber ohne dem Ziele sich zu nähern. Ingenieure berechneten Ab- und Zufluß aller Gewässer, der Eine fand Gefährde für die Uferbewohner in Folge Stauung, ein Anderer nicht. Damit gingen Jahre vorüber, bis endlich eine „Zürichsee-Gotthardbahn" sich gründete, welche von Raperswil über Pfäfikon nach

Brunnen (und von da nach Rothkreuz, später aber von
Brunnen nach Vitznau statt Rothkreuz) führen sollte. Rapers⸗
wil sah nun richtig, daß ein Chausseedamm über den See
nur ermöglicht werde, wenn dieser in Verbindung mit der
Eisenbahn gebracht würde, indem so allein demselben auch
die erleichternden gesetzlichen eidgen. Bestimmungen für
Schienenwege zu gut kämen — und betheiligte sich sofort.
Aber die Zeit, wo überall für diese neuen Verkehrswege
alle Cassen sich öffneten, war schon vorüber, die fragliche
Gesellschaft kam verspätet und konnte die nöthigen Mittel
nicht mehr aufbringen. Sie entschloß sich nun statt der
projektirten Linie nur ein Theilstück der Bahn, die Strecke
Raperswil-Pfäfikon, zu bauen, die Fortsetzung der Zu⸗
kunft anheimstellend. Die politische Gemeinde zeichnete zu
dem Zwecke, 12. September 1875, Aktien im Betrag von
Fr. 200,000 und am 12. Dezember gleichen Jahres weitere
Fr. 45,000; die Ortsgemeinde nahm, 12. Dezember 1875,
Aktien für Fr. 50,000 und Obligationen für Fr. 100,000.

Damit glaubte man das Werk gesichert, hatten ja auch
die Eidgenossenschaft Fr. 100,000 und der Kanton St. Gallen
Fr. 180,000 an das große Werk beizutragen erklärt und
andere Gemeinden und Privaten weitere Summen beige⸗
legt; und der Bau wurde wirklich am 1. Februar 1876
begonnen, nachdem die übernehmende Gesellschaft dem Bun⸗
desrathe den erforderlichen Finanzausweis geleistet hatte.
Anfangs Juli 1877 aber wurden gegen jede Erwartung
sämmtliche Arbeiten eingestellt, und es ergab sich dann,
daß der Bund, der Kanton und die Gemeinde bezüglich des
finanziellen Ausweises auf unverantwortliche Weise getäuscht
worden. Zu diesem Ausweis gehörten nämlich Fr. 300,000
in Obligationen auf die Bahn, welche die Baugesellschaft selbst
übernommen hatte, jedoch durch einen geheim gehaltenen
Vertrag zwischen dieser und der Direktion der Zürichsee⸗
Gotthardbahngesellschaft vom 24. November 1875 nur in

dem Sinne, daß letztere jederzeit auf Anforderung der Baugesellschaft diese Fr. 300,000 Obligationen baar einzulösen verpflichtet war; und sie machte von diesem Rechte nun Gebrauch, indeß die Zürichsee-Gotthardbahngesellschaft fragliche Obligationen weder verwerthen konnte, noch weniger im Falle war andere finanzielle Mittel sich zu verschaffen. Entweder blieb das Werk unvollendet und die bisherigen Opfer der Gemeinden Raperswils, von Fr. 395,000, in's Wasser geworfen, den Spott und Hohn dazu — oder Raperswil mußte neue, fast unerschwingliche Opfer bringen. Die Erbitterung über das trügerische, Verfahren der ¹Direktion der Zürichsee-Gotthardbahn-Gesellschaft war groß und eine gerechte, waren ja auch die Kosten der Vorarbeiten bezüglich des ursprünglichen Projektes der Zürichsee-Gotthardbahn (Raperswil-Brunnen-Viznau) von derselben auf Fr. 40,000 berechnet worden, indeß sie sich nun über Fr. 141,000 bezifferten. Commissionen prüften deren ungeordnete Rechnungen, man rathschlagte, diskutirte Monate und Monate hin und her, ohne den Stein der Weisen zu finden. Es gab kein Mittel, als nochmals alle gedenkbaren Anstrengungen von Seiten Raperswils zu machen, denn fremde Hilfe fand sich nirgends. Am 16. Dezember 1877 beschloß die politische Gemeinde, gegen Ueberlassung von Obligationen im Betrag von Fr. 200,000 ab Seite der Zürichsee-Gotthardbahn-Gesellschaft, den Bauunternehmern Schuldscheine auf die Gemeinde im gleichen Betrage, à 5 % verzinslich und rückzahlbar 1898, auszuhingugeben, und weitere Fr. 178,000 an Baar der Zürichsee-Gotthardbahn-Gesellschaft anzuleihen (ohne irgendwelche Aussicht auf Rückvergütung oder Verzinsung) um die Vollendung des Unternehmens zu sichern. Die Ortsgemeinde Raperswil mußte

---

¹ Bericht des Gemeinderaths an die politische Bürgerversammlung, 15. November 1877, und Gemeindsprotokolle.

weitere Fr. 100,000 in gleichen Obligationen zur Einlösung unter denselben Bedingungen übernehmen, 23. Dez. 1877. Somit kostete dieser Bau die politische Gemeinde Raperswil Fr. 623,000, die Ortsgemeinde Fr. 250,000, zusammen 873,000 Franken, unberechnet die Leistungen von Privaten durch Uebernahme von Aktien und Obligationen. Die Kosten des ganzen Werks, Eisenbahn von Raperswil bis Pfäfikon sammt Chausseedamm, vollendet im Juli 1878, stiegen auf Fr. 1,462,000, ohne eine Rentabilität in Aussicht zu stellen.

Was Raperswil hier geleistet überbot weit seine Kräfte, war ein gewagtes Unternehmen, zerstören ja die großen Städte fast überall die Kleinen mit des Dampfes Kraft und Eile. Jedenfalls bedarf es langer Zeit, bis diese Wunden sich vernarben. Die Höhe der Steuern, durch dieses Werk nothwendig geworden, werden auf Dezennien hin den Nutzen aufheben, welchen die bequeme, herrliche Verbindung mit dem jenseitigen Ufer bringen mag. Aber eines bleibt unwandelbar: das schöne Werk wird immer Zeugniß geben von dem Opfersinn der Gemeinde, von ihrer Thatkraft, wenn die jetzt Lebenden längst Staub geworden, und die neue Verbindung wird und muß nach und nach einen viel lebhaftern Verkehr mit den gegenüberliegenden Kantonen vermitteln, weil Wasser und Witterung selben nicht mehr erschweren.

Wir wollen noch erwähnen, daß die Gemeinden Rütti, Jona, auch Wald (obwohl nur bedingungsweise); sowie die „Höfe", das Kloster Einsiedeln und viele Privaten, wenn auch nur mit kleinen Summen, sich doch beim Bau betheiligten. Der Kanton Schwyz, der hohen Bedeutung des Unternehmens für seine Bevölkerung, seinen Handel und Verkehr vergessend, that gar nichts, treu der Tradition, daß er seiner Zeit an dem Werke der Linth-Correction, von unschätzbarem Werthe für dessen Land und Einwohner, mit **einer** Aktie (200 alte Schweizerfranken) Theil zu nehmen sich nicht entblödete! Der Kanton Zürich, dessen viele Gemeinden am See, wie weiter gelegene, den Bau, als in ihrem höchsten Interesse gelegen, freudig begrüßten, aber ihre Cassen verschlossen, dekretirte zuletzt Fr. 50,000, indeß Damm und Eisenbahn für selben eine ebenso hohe Bedeutung haben wie für Raperswil; und um auch diese Gabe auf nichts zurückzuführen, wurde daran noch die Bedingung geknüpft, eine neue Straße vom östlichen Stadtende bis zum Bahnhof und Damm zu erstellen. Das Geschenk klang wie Hohn, aber — die Neuzeit ließ sich's gefallen und begann den verlangten Straßenbau, **neben** der Stadt hinführend, der ziemlich den Gegensatz bildet zu den Bestrebungen und mühsam errungenen Straßenbauten von 1830. Die Straße erhielt zwei Abzweigungen in die Stadt (die eine durch das ehemalige Riethgaßthor, durch welches [1] Brun bei der Zerstörung Raperswils dessen Einwohner in Mitte Winters nackt in die Schneefelder jagte), welche den Ort freier und freundlicher gestalten. Dieser Bau aber kostete die politische Gemeinde über Fr. 60,000 — und von dem zürcherischen Geschenke für die Dammbaute bleibt — nichts!

So mußte das kleine Raperswil diese Kunstbaute fast einzig und allein aus eigenen Kräften zu Ende führen, unterstützt eigentlich nur vom Bund und Kanton — indeß jene, welche vielleicht die meisten Vortheile ernbten, an der [2] Last nichts getragen! „Sic vos non vobis nidificatis aves!"

Im Gefühle eigener Thatkraft feierte dann auch Raperswil die Eröffnung von Damm und Eisenbahn „Raperswil-Pfäffikon" auf's Feierlichste den 26. August 1878.

---

[1] Siehe Geschichte der Stadt Raperswil von Gründung bis 1803, von X. Rickenmann.

[2] Virgil. „Ihr Vögel baut Nester, aber nicht für Euch."

Der Ort war hochzeitlich geschmückt, Häuser und Straßen geschmackvoll verziert. Die ankommenden Gäste zogen durch einen, bei der Eisenbahnstation errichteten, 50 Fuß hohen Triumphbogen in die Stadt. 22 Kanonenschüsse donnerten von der Burg den Nachbargemeinden den Gruß entgegen. Ein imposanter Zug Theilnehmender bewegte sich durch die Hauptstraßen und fuhr Mittags 12 Uhr unter Glockengeläute und Geschützessalven nach Pfäsikon, wo freundliche Festjungfrauen den Wein kredenzten. Der strömende Regen konnte den Festjubel nicht schwächen, der dann beim Bankette, welchem eine Menge heimischer wie fremder Gäste anwohnten, in feurigen und innigen Toasten seinen Ausdruck fand. Es war ein Tag der Freude, ein Tag des Hochgefühls über die Begwältigung der ungeheuren Schwierigkeiten, fast unübersteiglicher Hindernisse, und den endlichen Sieg der Ausdauer und Opfer. Der Abend schloß, da der Himmel auch freundlicher geworden, mit einer feenhaften Beleuchtung des Dammes in seiner ganzen Länge, der, ein Flammenstreifen, in Mitte des stillen Wassers glänzte, in welchem sein Wiederbild sich spiegelte, indeß ein großer Theil Raperswils ebenfalls auf's schönste illuminirt war und das alte Grafenschloß in bengalischer Beleuchtung verwundert auf die neue Schöpfung niederblickte.

Das Fest ging zu Ende, wird aber lange noch in Erinnerung der Stadtbewohner leben. Die Bahn ist dem Betriebe, der Damm dem Verkehre übergeben, die alte Brücke dem — Abbruche! Wie Nichts bleibenden Bestand hat auf unserm Erdenrunde, mußte auch diese einst herrliche Leistung, Jahrhunderte durch eine Wohlthat für Raperswil und Umgebung, ihr Ende und ihre Zerstörung finden! Was man für Ewigkeiten geschaffen wähnt, zernichten die Wuth der Elemente, wie neue Ideen und Erfindungen. Diesen mußte die Seebrücke zum Opfer fallen, indeß jene bald darauf ein anderes Denkmal früherer Jahrhunderte in Schutt und Asche verwandelten. Am 30. Januar 1882, bald nach dem vormittägigen Gottesdienste, stund die kath. Pfarrkirche in hellen Flammen. In kurzer Zeit brannte der holzreiche Dachstuhl (er wurde aus 307 Stück Tannen gezimmert) lichterloh, stürzte unter fürchterlichem Krachen in das Innere des Kirchenschiffs, um allda Alles bis auf [1] die Mauern zu zerstören. Die werthvollsten Paramente, welche sich in der Sakristei befanden, wurden gerettet, alles Andere blieb ein Raub der Flammen. Die drei [2] kleinern Glocken im kleinen Kirchthurme, der ebenfalls ausgebrannt worden, waren theils geschmolzen, theils zertrümmert. Der große Thurm blieb unbeschädigt. — Wie vielerlei Aenderungen, An- und Umbauten hatte dieser Tempel erlitten, bis irgend eine Unvorsichtigkeit ihn in [3] Ruinen legte. Ein halbes Jahrtausend hatte er bestanden; an dieser Stätte hatten die Raperswiler in heißen Tagen der Noth und der Gefahr zum Herrn der Welten gefleht um Hilfe und Sieg — und Gott half den Muthigen. Hier wurden seit der Stadt Beginn ihre Kinder aufgenommen in den christlichen Verband, der Bürger getraut und damit seine Familie gegründet; und wurde er abgerufen aus dem Erdenthale, so wurde das letzte fromme Andenken in dieser Kirche ihm gezollt. War sie auch alt und unansehnlich geworden, eine Hauptreparatur oder ein Neubau in nächster Zeit ein unabweisbares Bedürfniß, sah Raperswil gleichwohl mit Wehmuth auch dieses alte Bauwerk hinfallen, und mit Recht bedauerte man den

---

[1] Die blosgelegten Wände zeigten, daß selbe in frühesten Zeiten al fresco übermalt gewesen.

[2] Siehe Geschichte der Stadt Raperswil, vom Verfasser, II. Aufl.

[3] Nach der „Geschichte der Familie, Stadt und Grafschaft Raperswil, gedruckt Einsiedeln 1821" blieb die Kirche auch bei der Zerstörung der Stadt durch Brun (1350) verschont.

Verlust der hübschen Gemälde des hl. Laurentius und der hl. Katharina von Hunger, der schönen hölzernen Emporen mit ihren Schneckentreppen, je aus einem Stamme geschnitten, des Schnitzwerkes an der Kanzel u. A. m. Der beschlossene Neubau soll in möglichste Harmonie mit dem Schlosse gebracht werden, durch einfache aber ernste Formen sich auszeichnen, sie soll eine Zierde werden und Altes [1] verschmerzen lassen. Mit diesem jüngsten Ereignisse schließen die Begebenheiten dieser Blätter.

Rapersvil, früher nur auf Abgeschlossenheit bedacht, hat seit seiner Einverleibung in den Kanton St. Gallen Alles gethan, sich aufzuschließen, dem Handel, Verkehr und der Gewerbsthätigkeit alle Zufuhrs- und Verkehrsadern zu öffnen. Seine dargebrachten Opfer, um den Ort in jeder Weise zu heben, sind seit einem halben Jahrhunderte — eine Spanne Zeit im Völker- und Gemeindeleben — enorme gewesen; für Raperswil's künftige Entwicklung ist nichts unterlassen, aber alles geleistet worden. Hoffen wir, daß die Früchten dieser Opfer in der Zukunft reifen werden zur schönen Blüthe der Zweirosenstadt!

Wenn die kommende Generation zu nützen versteht, was seit Gründung des Kantons geschehen, wenn sie den Fremden, welche eine paradisische Lage, wie derer Raperswil sich rühmen kann, anziehen muß, die von unserm Orte aus die schönsten und bequemsten Ausflüge in Thäler und Gebirge der Umgebung machen können, mit Gastfreundschaft empfängt, ihnen anerbietet, was die Jetztzeit fordert; wenn sie durch Thätigkeit und Auszeichnung im Handwerk und Gewerbe sich emporhebt; sich nicht politische und Ortsbürger

---

[1] Der Bau, ohne Orgel und Glocken, soll die Summe von Fr. 170,000 nicht übersteigen. Daran gibt die Ortsgemeinde Fr. 20,000, die freiwilligen Gaben betragen ca. 40,000, wobei auch Raperswiler und Raperswilerinnen in andern Kantonen und im Auslande sich rühmlichst bethätigten.

als verschiedene Einwohner betrachten, von denen jeder nur streng die eigenen Vortheile zu wahren berufen sei; wenn sie gegentheils zusammenstehen in Freud und Noth, wie e i n e Familie, wo Alles leidet, wenn ein Glied leidet; wo Alle dieselben Interessen binden, Alle nur einen und denselben Zweck verfolgen: das Gemeinwesen und damit das Wohl Aller zu förbern — dann wird die Zeit da sein, wo Raperswil mit all' den blühenden Gemeinden an den Ufern des Zürichsees ebenbürtig ist, welche ihren Aufschwung nicht der Lage, nicht allein Straßen und Eisenbahnen, nicht der Ueppigkeit des Landes — in dem Allem Raperswil ihnen längst gleich ist, oder sie überragt — sondern nur ihrer eigenen Strebsamkeit und Thatkraft zu verdanken haben!

Register.

	Seite
Badeanstalt	76
Bollingen, getrennt von der Spitalpfründe und Loskauf der Collatur	52
Büeler, Mitglied des Großen Rathes ꝛc.	8, 36
Brücke (See-), restaurirt, erhält Zollerhöhung	18
„ „ neu erstellt, erhält Zollerhöhung	45
„ „ deren Zoll aufgehoben	77
Brunnenleitung, neue	103
Bußkirch, beansprucht Sigristenhof und Sigristenwahl	16
„ die Lasten auf dem Sigristenhof ausgelöst	78
Custer, Kirchenpfleger	49
Damm (See-)	101, 104
Dampfschiffe errichtet	81
Diog Felix	54
Diog, Maler	54
Eisenbahnen	99, 100, 101, 105
Feldzug von 1815	37
Fuchs Alois, Prof.	60, 62
Fuchs Christ., Pfarrer	59, 62
Gagg, Prof.	64
Gatterkrieg	51
Greith, Bischof	103
Harnische, verkauft	47
Helbling Felix	54, 60, 62
Hofgemeinden, Theilung der Gemeindegüter	17
Hungersnoth 1817	46
Jona, verlangt Trennung der Pfarrei von Rapersiwil	16
„ Ablösung der Collatur	78

	Seite
Jona, Auslösungssumme für Arme und Kirche	16
„ Auslösung des Sigristenhofs	78
Kirche, kathol., und Pfarrhaus, Bauten	47
„ „ abgebrannt	109
„ evangel. in Rapperswil, erbaut	71
Kornhandel	51
Liegenschaften verkauft	16, 18, 74
Müller v. Friedberg	7, 59
Museum, polnisches	82
Naturalabgaben, bestritten vom Kloster Einsiedeln und den Bepfründeten	15
Niedergelassene, Rechte, Abgaben ꝛc.	21, 30, 68, 78, 95
Ortsbürgerrecht, Erwerbung	22, 79
Polizeiliche Verfügungen	19, 20
Prozessionen	22, 40
Raff, Lehrer	65
Raperswil, von Gründung des Kantons St. Gallen bis zum Sturze der Mediationsakte	1
Raperswil, während der Verfassung von 1814	26
„ während der Verfassung von 1831	55
„ seit der Verfassung von 1861	93
„ Fondausscheidungen	66 bis 73
Rathhaus, theilweise abgebrannt	83
Regiminkel Raperswil, Neuerungen	59
Rickenmann Bonif., Mitglied des Großen Rathes	8
Sängerfest 1842 und 1866	83
Schloßgefälle abgelöst	15
Schützengesellschaft errichtet	47
Schützenfest, kantonales	81
Schützenhaus abgebrannt	82
Schulwesen, kathol., reorganisirt	17, 63, 65, 73
Schule und Schulhaus, evangel.	76
Schule (Real-), gemeinsame	74

	Seite
Seehafenbau	50
Spitalgebäude, neues	80
Spitalpfründe mit der Pfarrei verbunden	78
Straße nach Kempraten erstellt	18
„ nach dem Ricken	49
„ nach dem Gubel	52
„ nach Kempraten-Rütti	98
„ nach dem Seehafen (Seestraße)	76
„ nach der Eisenbahnstation	108
Streitigkeiten, bürgerliche	48, 49, 51, 53, 64, 69, 96
Theater, neues	47
Telegraphenbureau	97
Theurung	46, 91
Wilbberg, Collatur, abgelöst	78
Zölle, Streit deßhalb	77
Zuchthaus in Raperswil	10

Druckfehler:

Seite II, Zeile 7/8 statt „Aufschreibern" lies: **Aufschrieben.**
„ 12, „ 22, statt „Schnäbeli" lies: **Schneebeli.**
„ 17, „ 20, statt „Betheilung", lies: **Vertheilung.**
„ 74. Note 1 gehört zu Zeile 6.
„ 78. Note 3, Zeile 2, statt „in" lies: **an.**
„ 80, Zeile 10, statt „Gebäulichleiten" lies: **Gebäulichkeiten.**

Zusätze:

Zu Seite 69, Zelle 16:
„Note: Nach der Bevölkerungstabelle vom 1. Dezember 1880 besaß Raperswil eine Seelenzahl von 2627, darunter nur 527 der Ortsgemeinde angehörig."

Zu Seite 78, Note 3: Der Loskauf des Collaturrechtes und des Jonerhofes ab Seite Rapperswil's, mit besagter Summe, geschah 1849.